교사를 위한 법률 가이드

| 개정판 |

교사를 위한 법률 가이드

교사 출신 변호사가 알려주는 '당당하게 교육하기'

| 임이랑 지음 |

따비

이 책의 초판을 낼 때만 해도 '교사들에게 법률 지식이 꼭 필요한가?', '이 책에 나온 사례들은 극히 일부의 과장된 사례가 아닐까?'라는 의문을 제기하는 분들이 많았습니다.

그런데 2023년 7월에 발생한 서이초등학교 선생님의 안타까운 사망 사건 이후로 언론에서는 앞다투어 교권 붕괴의 현장을 보도했고, "사실은 나도 이런 일까지 당했다"는 선생님들의 제보가 끊임없이 이어졌습니다. 정치권에서는 매우 이례적으로 여야가 합심하여 교권 보호 5법(「교육기본법」, 「초중등교육법」, 「유아교육법」, 「교원지위법」, 「아동학대처벌법」)을 개정했고, 교육부는 '교원의 학생생활지도에 관한 고시'를 발표하고 교원의 교육활동 보호를 위한 각종 대책을 마련했습니다. 이러한 변화를 반영해 이 개정판을 내게 되었습니다.

그럼에도 서이초 사건이 있은 지 1년이 지난 지금, 교육 전문 변호사인 제가 느끼기에는 학교현장에 그리 큰 변화가 나타나지는 않았습니다. 여전히 전국의 수많은 교원이 말도 안 되는 혐의로 아동학대 신고를 당하고 있고, 악성 민원에 시달리고 있습니다. 학생으로부터 협박을 받아 방검복을 입고 출근해야 하는 선생님이 있는가 하면, 한 초등학교 교감선생님이 학생에게 수차 례 뺨을 맞는 사건도 있었습니다.

이런 상황에서 제가 선생님들께 드릴 수 있는 유일한 말씀은 "이제는 교사들도 법을 알고 미리 준비하고 있어야만 억울한 일을 당하지 않을 수 있다"라는 것입니다. 법이란 너무나도 어렵고 복잡한 영역이지만, 부디 이 작은 책 한 권이 선생님들께 위안을 주는 든든한 지침서가 되었으면 좋겠습니다.

2024년 8월

임이랑

2020년 2월 말을 기준으로 명예퇴직을 신청한 교원의 수는 6,669명으로, 전년도 같은 시기에 비해 10.8%나 증가했습니다. 2018년 같은 시기에 명예퇴직을 신청한 교원은 3,639명이었는데 2019년에는 6,020명으로 급증하더니, 2020년에도 649명이나 더 늘어난 것입니다. 많은 사람들이 교사가 좋은 직업이라는데, 왜 이렇게 교단을 떠나려는 교사들이 많아지는 걸까요?

교단을 떠나는 교사들은 입을 모아 "너무 힘들다"고 성토합니다. 단순히 구세대의 교원들이 학교 환경의 변화에 적응하지 못하는 것이라고 치부할 수는 없습니다. 1~3년차 젊은 교사들도 오래 근무하지 못할 것 같다는 이야기를 자주 하기 때문입니다.

현장에 있는 교사들을 가장 힘들게 하는 것은 아무래도 '학부모의 과도한 민원'입니다. 목소리가 작다는 이유로 담임을 교체해달라고 요구하는 학부모도 있고, 학교폭력 절차 안내를 제대로 하지 않았으니 무릎 꿇고 사과하라고 요구하는 학부모도 있습니다. 젊은 교사들이 모여 있는 인터넷 커뮤니티에는 비슷한 성적의 친구들처럼 일반 대학으로 진학하지 않은 것에 대한 후회를 토로하는 글이 자주 올라옵니다.

교사가 자신의 직업에 만족하고 행복해야 학생들에게도 온전한 사랑을 나눠줄 수 있을 텐데, 앞으로 우리 교육은 어떤 방향으로 흘러가게 될까요?

학부모 민원 때문에 고통받는 선생님들과 상담을 해보면, '막연한 두려움'에 시달리는 분이 많습니다. 교사 자신이 어떠한 잘못을 한 적이 없지만 '학부모가 고소하면 교사만 피해를 본다는데', '소송으로 가면 돈이 많이 든다는데' 같은 막연한 생각으로 학부모의 무리한 요구에 끌려 다니게 되는 것입니다. 그러다 보면 정상적인 교육활동마저 위축되는 것이 큰 문제입니다.

두려움은 '무지'에서부터 옵니다. 저는 선생님들께서 우리 법의 기본 구조와 교육 관련 법령만 어느 정도 파악하고 있어도 이런 막연한 두려움에서 벗어날 수 있다고 생각합니다.

사람들이 법을 어렵게 느끼는 이유는 법이 '너무도 많고', '여기 저기 산재'해 있기 때문입니다. 교육법제도 마찬가지입니다. 우리 법제상 민법, 형법과 같이 법률관계의 기본이 되는 '교육법'이라고 부를 만한 법체계는 존재하지 않습니다. 온갖 이름이 붙은 법들이 산재해 있어서, 법률을 확인하고 싶어도 어떤 이름의 법률을 찾아봐야 할지조차 알 수 없는 것이 현실입니다.

현재 우리나라에 존재하는 법령이 5,000여 개가 넘기 때문에 (행정규칙과 자치법규를 제외한 순수 법령입니다), 법조인들도 모든 법령을 꿰고 있지는 못합니다. 다만, 변호사들은 헌법·민법·형법 및 행정법의 기본 원리를 기반으로, 그때그때 필요한 법령을 찾아서 맡은 사안에 적용하는 방식으로 일을 합니다.

따라서 이 책에서는 교육 관련 분쟁을 민사, 형사, 행정 분야의 큰 틀에서 설명하려 합니다.

저는 교대를 졸업하고 초등학교 교사로 근무하다 변호사가 되었습니다. 저 또한 신규 교사 시절 일부 학부모의 부당한 요구에 끌려 다니기도 했고, 행정법규를 잘 몰라 부끄러운 실수를 하기도 했습니다. 지금 생각해보면, 징계를 받을 수 있었던 아찔한 사건들도 있었습니다.

이 책을 읽는 선후배 교사분들께서는 부디 저와 같은 경험을 하지 않으셨으면 하는 마음에서, 최대한 다양한 사례를 통해 법률의 적용 원리와 대처 방법을 설명했습니다. 다만, 이 책에 담긴 사례들은 선생님의 상황과 사실관계가 다를 수 있습니다. 따라서 '나와 유사한 사례'니까 해결 방법도 같을 것이라고 맹신하지는 마시기를 당부 드립니다.

끝으로, 이 책은 "조금이라도 부당한 교권 침해를 당하면 참지 말고 법대로 하시라"고 쓴 것이 결코 아니라는 말씀을 드리고 싶습니다. 적어도 내가 겪는 일들에 법적으로 어떤 구제 수단이 있는지 알고 있어야, 당당하고 현명하게 교육활동에 임할 수 있다고 믿기 때문에 쓴 책입니다.

오늘도 각기 맡은 자리에서 묵묵히 교사로서의 소명을 다하고 계신 전국의 모든 선생님을 응원합니다.

2021년 4월

임이랑

차례

1부

교사는
억울하다

1장

교사가 당할 수 있는
형사고소

　최근 몇 년 사이 교사가 학부모로부터 형사고소를 당하는 사례가 급증하고 있습니다. 가장 높은 비율을 차지하는 것은 '아동학대'이고, 그 외에도 학교폭력 사안 처리에 불만을 품은 학부모로부터 직무유기, 업무상 비밀누설, 공문서 위조 등의 혐의로 고소를 당하는 사례가 있었습니다.

　일반적인 형사 사건과 달리, 교사를 상대로 한 형사고소 사건에서는 '고소인'이 사건 현장에 없었던 사람이라는 큰 어려움이 있습니다. 무슨 뜻인가 하면, 학부모들은 문제가 된 상황을 직접 경험하거나 목격한 사람이 아님에도, 자녀에게 전달받은 내용을 바탕으로 고소·고발을 한다는 것입니다. 이 때문에 수사기관에서도 수사에 어려움을 겪고, 방어하는 입장에서도 직접 겪지 않은 사람을 설득해야 하는 어려움이 있습니다.

　이 장에서는 교사가 학부모로부터 형사고소를 당하는 몇 가지 주요 사례를 살펴보고, 그 혐의에 따라 어떻게 대처해야 할지 설명하겠습니다. 또한 형사고소에 따른 수사 절차에 대해서도 설명할 것입니다.

 이 장의 모든 내용은 교사가 아예 그런 행위를 한 적이 없거
나, 과장된 신고로 인해 억울함을 겪는 경우에 대한 대처 방법입
니다. 사례에 등장하는 학생이나 학부모들이 경우 없이 비쳐지
는 것은 그런 사례만 모아놓았기 때문입니다. 합리적이고 대화
가 잘 통하는 상대라면 대화로 원만히 해결하는 것이 가장 좋은
방법입니다. 또한, 혹시라도 교사가 실제로 문제가 될 만한 행위
를 했다면 진정한 사과와 함께 합의를 보는 것이 최선의 방법일
것입니다.

01

아동학대

　우리 법은 「아동복지법」에서 아동학대의 개념을 규정하고, 「아동학대범죄의 처벌 등에 관한 특례법」에서 아동학대범죄의 처벌 및 그 절차에 관한 특례와 피해아동에 대한 보호 절차 및 아동학대 행위자에 대한 보호 처분을 규정하고 있습니다.

　「아동복지법」에서는 아동학대를 "보호자를 포함한 성인이 아동의 건강 또는 복지를 해치거나 정상적 발달을 저해할 수 있는 신체적·정신적·성적 폭력이나 가혹 행위를 하는 것과 아동의 보호자가 아동을 유기하거나 방임하는 것"이라고 정의합니다. 즉, 일반적인 폭행뿐만 아니라 '정신적인' 가혹 행위로 인정될 수 있는 것도 아동학대가 될 수 있습니다.

● **적용 연령** 「아동복지법」에서는 만 18세 미만을 아동으로 정하고 있으므로, 생일에 따라 고등학교 3학년 학생까지 아동이 될 수 있습니다.

● **왜 교사가 타깃이 되는가** 보건복지부가 발간한 《2022년 아동학대 연차보고서》에 따르면, 아동학대 가해자의 82.7%는 아동의 부모이고 학대 장소가 가정 내인 경우도 81.3%입니다. 전체 아동학대 중 초·중·고등학교 교직원에 의한 아동학대는 5.7%밖에 되지 않습니다. 그럼에도, 많은 보호자가 "내가 내 아이를 때리거나 소리를 지르는 것은 문제 되지 않지만, 남이 조금이라도 해를 가하는 것은 용서할 수 없다"는 태도를 보이는 것도 사실입니다.

실제로 학교현장에서 교사가 아동학대로 신고를 당했다가 '혐의 없음'으로 종료되는 사건이 굉장히 많은데, 그중에는 "교사가 우리 애를 미워한다"거나 "교사가 우리 아이를 째려봤다"와 같은 지극히 주관적인 신고도 다수 포함되어 있습니다.

학부모에 의한 아동학대 신고가 급증하게 된 데는 여러 가지 이유가 있겠지만, 제가 경험하기로는 다음의 두 가지가 주요한 것으로 보입니다.

첫째, 학부모들의 권리의식이 높아졌습니다. 제가 교사로 근무하던 때만 하더라도 교사는 '스승'으로서, '선생님'으로서 존중받았습니다. 그러나 오늘날 학부모들은 마치 학원에 보내듯 자녀를 학교에 보내고, 교사로부터 교육서비스를 제공받는다고 생각하는 듯합니다. 따라서 마음에 들지 않는 일이 발생하면 적극적으로 불만 제기를 하고, 자신이 원하는 대로 문제가 해결되지 않으면 담당자에게 책임을 지도록 하는 소비자의 마인드를 가지고 있습니다.

둘째, 직접 겪고 보지 못한 상황을 확신하는 경향이 있습니다. 학부모들은 고소장을 통해 아동학대가 일어난 상황을 매우 상세하게 묘사하며 피해를 당했다고 주장하지만, 실제로 그 현장을 목격하지 않았습니다. 교사가 학생을 지도하던 전후 사정은 고려하지 않고 단편적인 행동을 학대라고 주장하며, 종종 사실을 과장하기도 합니다. 아동은 자신이 혼날 만한 행동을 했을 때 거짓말을 하거나 과장하여 표현하는 경향이 있는데, 학부모는 자기 아이가 거짓말을 할 리 없다며 과신하는 경우가 많은 것입니다.

여기에서는 제가 변호사로서 경험한 아동학대 고소 사례를 재구성해 소개하고, 각각의 사례에 따른 대처법을 설명하겠습니다.

너무 오랜 소송 기간 때문에 고통받다

김선영 선생님은 2017년 5월 경찰서로 출석하라는 연락을 받고 소스라치게 놀랐습니다. 처음에는 '보이스피싱이 아닐까?' 생각했지만, 경찰은 김선영 선생님이 담임을 맡은 학생의 학부모가 고소를 했다면서 아동학대 혐의로 조사를 받게 될 것이라고 말했습니다.

"제가 어떤 아동학대를 했다는 거죠?"

김선영 선생님은 자신이 어떤 잘못을 했다는 것인지조차 알 수 없어 답답했으나, 경찰은 "일단 조사를 받으면 알게 될 것"이라며 전화를 끊었습니다.

동료 교사들은 전해 들었던 다른 학교의 사례를 들면서 "너에게 잘못이 없으면 별일 없이 끝날 것이니 걱정하지 말라"고 했습니다. 김선영 선생님이 인터넷을 검색해 연락한 변호사 사무실에서는 "지금 당장 변호사를 선임하지 않으면 큰일에 처할 수 있다"며 거액의 수임료를 요구했습니다. 자신이 어떤 혐의를 받고 있는지조차 몰라 정확한 판단을 할 수 없었던 김선영 선생님은, 일단 경찰 조사에서 어떤 혐의를 받고 있는지 확인한 후 변호사 선임 여부를 결정하기로 했습니다.

평생 동네 파출소에도 가본 적이 없는 김선영 선생님이, 범죄자들의 고성이 오가는 경찰서에서 '피의자' 신분이 되어 5시간에 걸친 진술 조사를 받았습니다. 경찰의 질문에 정신이 혼미해지고 입이 바짝바짝 말랐습니다. 수개월 전 일이라 기억도 잘 나지 않았고, 당황하니 자신도 모르게 같은 질문에 다른 답변을 하기도 했습니다.

경찰서에서 듣게 된 자신의 아동학대 행위는 터무니없는 것이었습니다. 김선영 선생님이 한 아이에게 "검은색 옷을 입으니 덜 뚱뚱해 보인다"고 말했을 뿐 아니라 다른 아이들과 차별 대우를 하고 욕설을 했다는 등의 내용이었습니다.

몇 주 후 경찰서에서는 문자메시지를 통해 "본인에 대한 사건이 검찰로 송치되었다"고 알렸습니다. 김선영 선생님은 검찰로 송치되었다는 의미조차 명확히 알 수 없어 답답했고, 그제서야 한 교원단체에 가입해 조언을 구했습니다. 교원단체 고문 변호사는 "경찰이 어떤 의견으로 검찰에 송치한 것인지 확인해봐야 한다"고 조언했고, 김선영 선생님은 바로 경찰에 문의했습니다. 담당 경찰관은 '혐의 없음' 의견으로 검찰로 송치되었다고 답했습니다. 일단 한숨 돌린 김선영 선생님은 가까스로 일상으로 복귀했습니다.

그로부터 1년여가 지난 2018년 6월, 김선영 선생님은 검찰로부터 출석조사를 요청받고는 다리에 힘이 풀려 교실 바닥에 주저앉고 말았습니다. 김선영 선생님은 이 상황을 도무지 이해할 수 없어서 인터넷 검색을 통해 한 변호사를 찾아갔습니다. 변호사는 경찰의 '혐의 없음' 의견에도 불구하고, 검찰이 김선영 선생님에게 혐의가 있다고 보아 수사를 하는 것 같다고 했습니다. 변호인을 선임해 검찰 조사에 응한 김선영 선생님은 해가 바뀌어 2019년이 될 때까지 검찰로부터 아무런 연락도 받지 못한 채 속을 태워야만 했습니다. 사건 진행이 어떻게 되고 있는지 담당 검사에게 문의하고 싶었으나 혹여나 검사에게 밉보일까봐 연락조차 할 수 없었습니다.

2019년 4월, 검찰은 김선영 선생님의 사건을 가정법원으로 송치한다고 알렸습니다. 아동학대 사건의 경우, 검찰의 판단에 따라 형사법원이 아닌 가정법원에서 처분을 받도록 송치할 수 있습니다. 김선영 선생님의 담당 변호사는 가정법원의 보호 처분은 형벌이 아니고 전과도 남지 않으므로, 웬만하면 보호 처분을 받고 상황을 정리하는 것이 좋겠다고 조언했습니다. 김선영 선생님은 자신이 하지도 않은 일로 보호 처분을 받게 되는 것이 억울했지만, 이미 너무 오랫동안 고통받았기 때문에 이제는 상황을 끝내고 싶어 그렇게 하겠다고 결정했습니다.

2019년 7월, 가정법원의 심리일에 재판정으로 들어선 김선영 선생님은 깜짝 놀랐습니다. 선생님을 고소한 학부모가 법원에 출석하여 김선영 선생님을 엄벌해야 한다며, 형사재판을 받게 해달라고 호소했기 때문입니다. 판사는 김선영 선생님에게 혐의 사실을 모두 인정하는지 물었으나, 김선영 선생님은 차마 자신이 하지 않은 일을 했다고 할 수 없어 그런 사실이 없다고 대답했습니다. 판사는 가정법원은 무죄를 다투는 곳이 아니라며, 김선영 선생님의 사건을 재수사하도록 다시 검찰로 송치했습니다. 검찰은 선생님이 아동학대를 한 정황이 인정된다며 벌금을 구형했습니다.

재판은 다시 2년이 넘게 진행되었습니다. 1심 법원은 2020년 2월 선생님이 아동학대를 했다고 볼 만한 증거가 부족하고, 피해자가 주장하는 학대 행위들이 정당한 교육활동을 하는 과정 중에 일어난 것이라고 보아 아동학대 행위에 해당하지 않는다고 무죄를 선고했습니다. 그러나 기쁨은 잠시, 검사는 이에 승복할 수 없다며 즉시 항소했고 선생님은 해를 넘겨서까지 재판을 받아야만 했습니다. 결국, 2심 재판부도 선생님의 손을 들어주었으나 선생님에게 남은 것은 아무것도 없었습니다.

형사소송의 경우 민사소송과 달리 무죄 판결을 받았다고 해도 상대방에게 소송 비용을 청구할 수 없습니다. 또한, 상대방이 허위사실을 알고 일부러 무고했음을 입증하지 않는 한 무고죄로 처벌받게 할 수도 없습니다. 김선영 선생님은 총 4년에 걸쳐 막대한 비용을 쓰고 정신적 스트레스를 받았으나, 그 어떤 보상도 받을 수 없었던 것입니다. 지난 4년간 공황장애와 원형탈모를 얻었으며 살이 10kg 넘게 빠졌지만, 학부모로부터 한마디 사과조차 받을 수 없었습니다.

대처 자신의 혐의가 무엇인지 파악하세요

1. 경찰서에서 연락을 받은 후 가장 먼저 할 일은 무엇일까: 위 사례에서 김선영 선생님이 가장 잘못 대처한 부분은 '자신의 혐의가 무엇인지 파악하지 않고 수사를 받은 것'입니다. 부부싸움을 하더라도 잘 기억하지 못하는 예전 일에 대해 추궁당하면 적절하게 대답할 수 없는 법입니다. 하물며 자신의 형사 처분이 달린 문제에 아무런 사전 정보 없이 진술해서야 되겠습니까. 이는 맨손으로 호랑이 굴에 들어가는 것과 다를 바 없습니다.

일반적으로 수사기관은 '혐의 사실이 무엇인지', '고소 내용이 무엇인지' 구체적으로 알려주지 않습니다. 아무래도 수사관으로서는 피의자가 아직 준비되지 않은 상태에서 일방적으로 수사를 하는 것이 편하겠지요. 그래서 피의자가 "고소장 내용을 알려달라"고 요청해도 관련 자료를 줄 수 없다고 말하곤 합니다.

그러나 「공공기관의 정보공개에 관한 법률」, '경찰 수사서류 열람·복사에 관한 규칙'에 따라 모든 사람은 자신에 대해 제출된 고소장의 내용을 받아 볼 권리가 있습니다. 수사기관이 굳이 나서서 설명해주지 않는 내용입니다.

어떤 사정으로 경찰서로부터 연락을 받았다면, 가장 먼저 해야 할 일은 출석일을 열흘 정도 미루고 고소장에 대한 정보공개를 신청하는 것입니다. 수사기관에는 '학교 일정' 또는 '변호사 선임' 등의 이유를 들어 출석일을 미뤄달라고 하면 됩니다.

이후 '정보공개포털(https://www.open.go.kr/)'•에 들어가서 담당 경찰서를 피청구인으로 지정하고, 〈그림 1〉과 같이 본인에 대한 고소장 정보공개를 청구하면 됩니다. 요즘에는 민원 처리 속도가 빨라져서 수일 내로 고소장을 받아볼 수 있습니다.

고소장을 받은 후에는, ① 고소인이 나를 어떠한 혐의로 고소했고, ② 그 일이 발생한 날은 언제이며, ③ 나에게 무죄를 입증할 증거는 어떤 것들이 있는지 살펴봐야 합니다. 이에 대한 판단을 혼자서 할 자신이 없다면, 이 단계부터 변호인의 도움을 받는 것도 좋습니다.

• 경찰서에 직접 방문해서 고소장의 열람·복사를 요청할 수도 있지만, 신청 즉시 복사 허가가 나지는 않기 때문에 며칠 후에 다시 경찰서에 방문해 복사해야 하는 불편함이 있습니다. 인터넷으로 신청하는 것이 가장 간편한 방법입니다.

| 그림 1 | **정보공개포털(www.open.go.kr)**

2. 경찰 조사를 받을 때의 주의점은 무엇일까: 고소 내용에 따라 다르
겠지만, 일반적으로 유의해야 할 점은 다음과 같습니다.

　경찰은 보통 고소인(위 사례에서는 학부모)을 불러 고소인 측의
진술을 먼저 청취하고 이를 바탕으로 피의자(위 사례에서는 김선영

선생님)에게 질문하는 방식으로 수사를 합니다. 따라서 미리 복사한 고소장의 내용을 숙지해서 고소인의 주장이 사실이 아님을 밝힐 증거가 있다면 적극적으로 제시하고, 목격자 등 다른 입증 방법이 있다면 그런 정보를 모두 제공하는 것이 좋습니다.

또한, 일관된 진술을 해야 합니다. 수사관은 같은 내용의 질문을 비틀어 다시 질문하는 등의 수사 기법을 사용합니다. 동일한 상황에 대한 진술이 달라진다면, 피의자가 거짓말을 한다고 느낄 수밖에 없습니다. 그러니, 확실하지 않은 기억에 대해서는 잘 기억이 나지 않는다고 솔직하게 답변하는 것이 좋습니다.

예전에는 경찰 조사를 받을 때 피의자가 메모나 녹취를 하는 것이 불가능했습니다. 그러나 현재는 자신의 진술을 적을 수 있는 메모지를 제공하며, 요청하면 영상 녹화를 할 수도 있습니다. 진술이 끝난 후에는 자신이 진술한 내용이 그대로 조서에 적혀 있는지 확인하고 서명해야 합니다. 이때 '사소한 차이는 괜찮겠지' 하고 넘기지 말고, 부정확한 진술이 기재되어 있다면 적극적으로 요청하여 수정해야 합니다. 경찰 조서 작성 후 바로 복사를 요청해서 사본을 가지고 귀가하는 것도 향후 대응책을 세우는 데 좋은 방법이 될 수 있습니다.

3. 수사와 재판 시간이 길어질 때 대처할 방법이 있을까: 수사 기간은 지역에 따라, 담당자에 따라 천차만별로 달라집니다. 고소장이 접수되자마자 수사를 개시해서 몇 주 안에 수사를 종료하는 수

사관도 물론 있습니다. 그런데 경찰 입장에서는 학교 관련 사건들이 비교적 사소하다 보니, 마냥 캐비닛에 묵혀두는 수사관도 있습니다. 이 때문에 위 사례처럼 몇 년간 재판조차 받지 못한 채 고통받는 경우가 꽤 있습니다.

위 사례처럼 수사 기간이 지나치게 길어질 때는 수사를 빨리 진행해달라는 의견서를 제출하는 것도 한 방법입니다. 수사기관에 협조하여 우호적인 관계를 유지하는 것도 필요하지만, 의견서의 형태로 요청사항을 전달하는 것은 아무런 문제가 없습니다.

4. 가정법원 송치가 교사에게 유리할까, 불리할까: 「아동학대범죄의 처벌 등에 관한 특례법」 제27조 제1항에 따라, 수사기관은 가정법원의 보호 처분을 받는 것이 적합하다고 판단한 사건을 가정법원으로 송치할 수 있습니다. 가정법원은 형사법원과 달리 죄의 유무를 판단하고 형벌을 내리는 기관이 아니라, 보호 처분을 내리는 기관입니다. 아동학대를 이유로 가정법원으로 송치되는 사건은 형사처벌을 받기에는 경미한 사안이므로, 아동학대에 대한 수강명령* 등의 처분을 받는 경우가 대부분입니다.

보호 처분은 전과로 남지 않는 장점이 있기 때문에, 저는 아동학대 자백 사건의 경우 가정법원에 송치해줄 것을 적극적으로 검찰에 요구하는 편입니다. 수사기관의 입장에서도 재판을 하지 않아도 되니 가벼운 사건의 경우 가정법원에 송치하는 것이 괜찮습니다. 그러나

● 아동학대에 대한 교육을 받으라는 명령입니다.

의외로 많은 변호사가 이러한 제도를 알지 못해 골든타임*을 놓
치는 경우가 많습니다.

5. 왜 사건이 다시 형사 사건으로 넘어간 것일까: 가정법원은 형사재
판부와 달리 유무죄를 철저하게 판단하는 기관이 아니므로 행
위자**가 강력하게 무죄를 주장할 경우 처분을 내리기 어려운
상황이 발생할 수 있습니다. 특히 위 사례처럼 고소인인 학부모
가 재판에 출석해 강력한 처벌을 요구한 것이 판사에게 부담으
로 작용할 수도 있습니다. (고소인인 학부모가 출석하지 않고, 행위자
인 교사가 무죄를 주장해 불처분 결정을 받은 사례도 있습니다.)

일부 억울한 사정이 있지만 가능하면
빨리 사건을 마무리짓고 싶다면, 고소
사실 중 일부 혐의를 인정해 보호 처분
을 받는 것도 하나의 방법이 될 수 있습
니다.

**6. 수사 결과가 나오지 않았는데 징계를 받아
야 할까:** 공무원에 대한 수사가 개시되면
수사기관은 해당 공무원의 인사권자에게
수사 개시 통보서를 보내게 됩니다.*** 따
라서 교사가 수사를 받게 되면 소속 교
육지원청에서 그 사실을 알게 됩니다. 이

● 일단 검사가 기소를 하면, 보호 사건
으로 처리될 확률은 매우 희박해지므로,
그 전에 가정법원 송치를 요구하는 것입
니다.

●● 수사 단계에서는 '피의자', 재판 단계
에서는 '피고인', 보호 처분에서는 '행위
자'라고 표현합니다.

●●● 경찰청 범죄 수사규칙 제41조(공무
원에 대한 수사개시 등의 통지)
사법경찰관은 공무원에 대하여 수사
를 개시한 경우에는 「국가공무원법」 제
83조 제3항 및 「지방공무원법」 제73조
제3항의 규정에 따라 별지 제16호 서식
의 공무원범죄 수사개시 통보서를 작성
하여 해당 공무원의 소속기관의 장에게
통지하여야 하며, 검찰에 사건을 송치한
경우에도 별지 제17호 서식의 공무원범
죄 수사상황 통보서를 작성하여 그 결과
를 통지하여야 한다.

때 바로 교육청에서 자체 조사를 시작해 해당 교사에게 혐의 사실을 소명하도록 요구하는 경우도 있고, 아니면 수사가 진행된 후 결과를 보고 징계를 하겠다고 유보해주는 경우도 있습니다. 만약 자신의 무죄를 밝힐 수 있다고 생각한다면 징계를 유보해 달라고 요청하는 것이 좋겠습니다.

7. 무죄 판결 후 무고죄를 물을 수 있을까: 일반적인 상식과 달리, '무고죄'는 입증이 까다로운 범죄입니다. 내가 무죄 판결을 받았다고 해서 나를 고소한 사람이 곧바로 무고죄가 되는 것이 아닙니다. 형법 제156조 무고죄는 "타인으로 하여금 형사 처분 또는 징계 처분을 받게 할 목적으로 허위의 사실을 경찰서나 검찰청 등 공무소 또는 공무원에게 신고"할 때 성립하는 죄입니다. 즉, 허위사실인 것을 알면서도 타인을 처벌받게 하려고 신고해야 무고죄가 성립합니다. 그런데 교사를 고소하는 아동학대 사건의 경우, 현장에 없던 학부모가 자녀의 과장된 진술을 믿고 오해한 경우가 많으므로 무고죄가 성립하기 어렵습니다.

물론, 명백하게 무고의 의사로 교사를 고소하는 학부모도 분명히 있습니다. 제가 경험한 사례 중에는 담임 교체를 원해서 허위사실을 신고한 경우, 정신적인 문제가 있는 학부모가 허위사실을 신고한 경우, 합의금을 목적으로 허위사실을 신고한 경우가 있었습니다. 이 같은 경우는 다른 선생님들을 위해서라도 가해자에게 엄중히 책임을 물어야 할 것입니다.

별것 아닌 일로 고소를 당하다

이준성 선생님은 어느 날 복도를 지나다 창문 밖으로 물을 뿌리고 있는 아이를 발견하고는 깜짝 놀라 달려갔습니다. 아이가 청소 용구를 밟고 올라서 있어, 자칫 추락사고가 발생할 수 있었기 때문입니다. 한걸음에 달려가 아이를 잡아 내리려 했으나 아이가 손을 뿌리쳐 물 뿌리개가 바닥으로 떨어졌고, 그 순간 날카로운 성인 여성의 목소리가 들렸습니다. "아니 지금 뭐하시는 거예요?"

그 여성은 아이의 어머니로, 특수아동인 자신의 아이를 데리러 왔다가 위 장면을 목격하게 된 것입니다. 그녀는 이준성 선생님이 아이가 들고 있는 물뿌리개를 팔로 쳐 떨어뜨렸다며 소리를 질렀습니다.

며칠 후 이준성 선생님은 경찰로부터 아동학대 혐의로 수사가 개시되었으니 출석하라는 연락을 받았습니다. 이준성 선생님은 자신의 행동이 어떻게 아동학대가 되는지 의문이었지만, 한편으로는 불안감에 휩싸였습니다. 승진을 목표로 차곡차곡 점수를 쌓아왔는데 행여 이번 일로 승진을 못 하게 되는 것은 아닌지 걱정이 되었습니다. 이 일에 관해 교사 커뮤니티에 상담 글을 올렸는데, "우리 학교에도 별것 아닌 일로 아동학대 벌금형을 받은 선생님이 있다"라거나 "교사는 벌금형만 받아도 퇴직해야 한다더라" 등의 무시무시한 댓글이 달렸습니다.

결국 이준성 선생님은 자칭 아동학대 전문가라는 변호사를 찾아가서 수백만 원의 선임료를 지급하고 계약을 체결했습니다. 수사가 개시된 후 얼마 지나지 않아 경찰은 이 사건이 아동학대가 아니라며 무혐의 의견으로 검찰에 송치했고, 검찰에서도 최종 불기소 처분을 했습니다. 그동안 변호사가 한 일은 경찰에 의견서 1부를 제출한 것이 전부였습니다.

막상 불기소 처분을 받고 나니 월급의 두 배가 넘는 변호사 선임 비용이 아까웠지만, 그 비용은 어디서도 보전받을 수 없었습니다.

대처 자신의 행위가 아동학대가 될 수 있는지 파악하세요

1. 물뿌리개를 팔로 쳐 떨어뜨린 행위가 아동학대가 될까: 아무런 맥락 없이 교사가 아이의 팔을 쳐 물뿌리개를 떨어뜨렸다면 아동학대가 성립할 가능성도 있습니다. 아동의 신체에 위해를 가한 행위이기 때문입니다. 그러나 위 사례에서는 아동의 위험한 행동을 저지하려다가 물뿌리개가 떨어진 것이므로, 아동학대의 고의가 있었다고 보기는 어려울 것입니다.

2. 아동학대에 있어 특수아동과 일반 아동의 차이점이 있을까: 장애아동에 대한 아동학대가 특별히 형이 가중된다는 법 조항이나 법원 내부의 양형 기준은 없습니다. 다만, 한 가지 행위에 대하여 「아동학대범죄의 처벌 등에 관한 특례법」과 「장애인복지법」이 동시에 적용되고, 이 중 더 무거운 형량이 적용되게 됩니다.

3. 교사는 벌금 100만 원의 형만 받아도 해임이라는 것이 사실일까: 정말 많은 선생님이 잘못 알고 있는 부분입니다. 금액도 각양각색으로, 5만 원부터 500만 원까지 다양합니다. 사실은 이렇습니다. 「국가공무원법」 제69조에 따라 ① 어떤 범죄든 금고 이상의 형을 선고받거나, ② 형법 제355조 및 356조에 해당하는 죄로 300만 원 이상의 벌금형을 선고받거나, ③ 「성폭력범죄의 처벌 등에 관한 특례법」 제2조에 해당하는 죄, 「정보통신망 이용촉진 및 정보보호 등에 관한 법률」 제74조 제1항 제2호 및 제3호에 해당하는 죄, 「스토킹범죄의 처벌 등에 관한 법률」 제2조 제2호에 따른 스토킹범죄로 100만 원 이상의 벌금형을 선고받거나, ④ 미성년자에 대한 성폭력범죄를 저질러 형이 확정된 경우에만 공무원의 신분을 상실하게 됩니다.

이외의 죄에 대해 교육청이 해임·파면 등 별개의 징계를 하는 것은 형사처벌과는 별개의 절차입니다. 따라서 아동학대범죄로 1,000만 원 이상의 벌금형을 선고받고도 학교에서 계속 근무하는 교사도 있습니다. 다만, 「아동복지법」 제29조의 3에 따라 법원이 아동학대 재범 가능성이 있다고 판단하거나 범행의 질이 매우 나쁠 경우, 아동 관련 기관에 취업을 제한하는 취업 제한 명령을 함께 선고할 수 있습니다.

4. 변호인 선임은 어떤 경우에 해야 할까: 사실 이 문제에 대해서는 일률적으로 답하기 어렵습니다. 각 사안마다 '가벼워 보이지만

수사기관에서 유죄로 인정되는 경우'도 있고, '많이 걱정했는데 재판조차 가지 않고 혐의 없음으로 불기소 처분 되는 경우'도 있기 때문입니다. 그럼에도, 아동학대가 될 수 없는 사건임이 너무나 명백한데도 과도한 비용으로 수임하는 변호사들이 종종 있어 선생님들께 약간의 팁을 드리고자 합니다.

위 사례에서 이준성 선생님은 처음에 제게 상담하러 오셨습니다. 그때 저는 "이 건은 아동학대가 되기 어려우니 굳이 비용을 들여 변호사를 선임하지 마시라"고 말씀드렸습니다. 그렇지만 주변인들의 근거 없는 우려에 불안해진 선생님께서 인터넷으로 찾아본 아동학대 전문이라는 변호사에게 고액의 선임료를 지급하고 계약을 체결하신 것입니다.

이때 선생님이 잘못 판단한 부분은 두 가지입니다.

첫째, 주변 사람들은 법에 대해 아무것도 모릅니다. 종종 인터넷 커뮤니티에 법률 상담을 올리는 사람들이 있는데, 정말 위험한 행동입니다. 일반 커뮤니티든 교사들이 모여 있는 커뮤니티든 마찬가지입니다. 교장 등 관리자들이 '이렇다더라'라고 하는 것도 사실이 아닌 경우가 너무나 많으니 꼭! 법조인으로부터 법률 상담을 받으셨으면 좋겠습니다.

둘째, '아동학대 전문 변호사' 등의 광고에 현혹된 것입니다. 의사와 달리 변호사는 '전문 변호사'라는 표현을 별다른 자격요건 없이 쓸 수 있습니다. 인터넷 광고만 보면 상당한 경력과 실력이 있어 보이지만, 실제로는 그렇지 못한 경우도 많습니다. 가장 좋은 방법은 지인으로부터 믿을 만한 변호사를 소개받는 것이지만, 그러지 못하는 경우 실패 확률을 줄이려면 인터넷 검색을 통해 선생님 사건과 유사한 사건의 승소 경험이 있는 변호사를 선임하거나, 교원단체 또는 교육청의 고문 변호사 등 기관으로부터 이미 한 차례 검증된 변호사를 선임하는 것을 추천합니다.

참고로, 믿을 만하다는 것은 '괜찮은 사람'이라는 뜻이 아니라, 그 분야의 전문가로서 믿을 만하다는 뜻입니다. 지인으로부터 '이혼 전문 변호사', '재건축 전문 변호사'를 소개받고 후회하는 선생님들도 많이 보았습니다. 또 다른 경우로는 '아동학대 전문 변호사'라고 홍보하여 찾아간 로펌에서 계약을 체결할 때까지만 친절하게 응대하고, 그 이후에는 연락도 잘 받지 않고 서면도 제때 제출하지 않아서 큰 피해를 봤던 선생님도 있었습니다.

요약하자면, 법조인과의 상담을 통해 아동학대 해당 여부를 먼저 검토하고, 변호사를 찾을 때도 정확한 정보에 의해 신중하게 판단해야 합니다. 특히 인터넷 광고만 보고 급히 결정하지 않는 게 좋습니다.

02

아동 성희롱, 성추행

1. 성희롱의 기준은 무엇이고, 어떤 처벌을 받을까

일반적인 상식과는 달리 오프라인[●]에서 성인을 성희롱하는 행위는 형법상 죄가 되는 행위가 아닙니다. 사업주의 성희롱의 경우 「남녀고용평등과 일·가정 양립 지원에 관한 법률」(이하 「남녀고용평등법」)에서 과태료를 부과하도록 하고 있지만, 이 역시 형사범죄는 아닙니다.

그러나 「아동복지법」 제17조 제2호에

● 「정보통신망 이용촉진 및 정보보호 등에 관한 법률」에서 정보통신망을 통해 음란한 부호·문언·음향·화상 또는 영상을 배포하는 행위를 처벌하고 있고, 「성폭력범죄의 처벌 등에 관한 특례법」에서 자기 또는 다른 사람의 성적 욕망을 유발하거나 만족시킬 목적으로 전화, 우편, 컴퓨터, 그 밖의 통신매체를 통하여 성적 수치심이나 혐오감을 일으키는 말, 음향, 글, 그림, 영상 또는 물건을 상대방에게 도달하게 하는 행위를 처벌하고 있기 때문에 '오프라인'으로 분류했습니다.

서는 아동에게 음란한 행위를 시키거나 이를 매개하는 행위 또는 아동에게 성적 수치심을 주는 성희롱 등의 성적 학대 행위를 금지하고 있으므로, 아동에 대한 성희롱은 범죄가 됩니다.

「양성평등기본법」과 「남녀고용평등법」상 성희롱 판례에 비추어보면, '성희롱이란 성적 언동 또는 성적 요구 등으로 상대방에게 성적 굴욕감이나 혐오감을 느끼게 하는 행위' 정도로 정의할 수 있습니다.

•**적용 연령** 아동학대와 마찬가지로 「아동복지법」이 적용되기 때문에 만 18세 미만의 아동(즉 생일에 따라 고등학교 3학년까지)을 성희롱할 경우 처벌받게 됩니다.

•**왜 교사가 타깃이 되는가** 성적 감수성이 풍부한 연령대의 학생들이 교사의 발언을 성희롱으로 인식하는 경우가 많습니다. 또는 교사에 대한 다른 불만을 품고 성희롱을 문제 삼는 경우도 종종 발생하고 있습니다.

2. 성추행의 기준은 무엇이고, 어떤 처벌을 받을까

성희롱과 달리 성추행은 형법에 의해 처벌받는 범죄입니다. 우리 형법은 제298조에서 강제추행죄를, 제305조에서 미성년자에 대한 강제추행을 별도로 규정하고 있습니다.

또한 「아동복지법」 제3조 제7의 2호 가목, 「아동학대범죄의 처벌 등에 관한 특례법」 제2조 제4호 바목, 「아동·청소년의 성보호에 관한 법률」 제7조 3항 등에서 별도로 아동에 대한 강제추행의 죄를 규정하고 있고, 같은 조 5항에서 위계에 의한 추행°도 처벌하도록 규정하고 있습니다.

우리 판례는 "추행이라 함은 객관적으로 일반인에게 성적 수치심이나 혐오감을 일으키게 하고 선량한 성적 도덕관념에 반하는 행위로서 피해자의 성적 자유를 침해하는 것이라고 할 것인데, 이에 해당하는지 여부는 피해자의 의사, 성별, 연령, 행위자와 피해자의 이전부터의 관계, 그 행위에 이르게 된 경위, 구체적 행위 태양態樣, 주위의 객관적 상황과 그 시대의 성적 도덕관념 등을 종합적으로 고려하여 신중히 결정되어야 한다"°°고 판시하고 있습니다.

판례와 법령의 표현이 다소 복잡하지만, '아동의 의사에 반해 신체에 접촉하여 성적 수치심이나 혐오감을 일으키게 하는 행위' 정도로 이해하시면 됩니다. 예를 들면, '등을 쓰다듬는 행위', '엉덩이를 만지는 행위' 등이 강제추행이 될 수 있습니다.

● 거짓으로 속여 추행하는 것을 말합니다. 예를 들어, 물리치료를 위해 신체를 만져야 한다고 속이는 것입니다.

●● 대법원 2002. 4. 26 선고 2001도2417 판결

●적용 대상 성희롱과 달리 성추행(강제

추행)의 경우에는 피해자가 아동·청소년이든 성인이든 성립하는 범죄이며, 아동·청소년에 대한 범죄일 경우 더욱 가중하여 처벌됩니다.

•왜 교사가 타깃이 되는가　아무래도 교사와 학생은 학교에서 함께 생활하는 시간이 길고, 체육 등 신체활동을 함께 하는 경우도 많습니다. 실제로 추행의 의도가 없었다 해도 교사가 다소 둔감한 행동을 할 때 학생이 교사를 강제추행 등의 혐의로 신고하는 사례도 많이 발생하고 있습니다.

외모에 대한 발언이 성희롱?

박용택 선생님은 학생들과 친근감 있는 대화를 주고받는 것이 교사와 학생 간의 래포rapport를 형성하는 데 큰 역할을 한다고 믿고, 허물없는 대화를 하려고 노력했습니다.

어느 날 점심시간에 교실에 앉아 업무를 처리하고 있는데, 멀리서 여학생들끼리 성형수술에 대해 이야기하는 것이 들렸습니다. 아직 어린 학생들이 성형수술 이야기를 하는 것이 부적절하다고 생각한 박 선생님은 학생들에게 다가가 "수진이는 얼굴이 엄청 예쁜데 왜 성형을 하려고 하니", "영주는 키가 크고 늘씬해서 모델 같아"라는 말로 학생들을 격려했습니다.

며칠 후 박용택 선생님은 학생들이 자신을 성희롱으로 신고했다는 사실을 알게 되었습니다. 학생들의 외모를 칭찬해준 것이 어떻게 성희롱이 되는지 답답했지만, 일단 신고가 된 이상 경찰 출석조사를 받아야 했고 징계위원회에도 회부되었습니다.

대처 자신의 발언이 「아동복지법」상 성희롱인지 파악하세요

우리 판례는 아동에 대한 성희롱이 쟁점이 된 사안에서 '아동에게 성적 수치심을 주는 성희롱·성폭력 등의 학대 행위'란 "아동에게 <u>성적 수치심</u>을 주는 성희롱·성폭행 등의 행위로서 <u>아동</u>

의 건강·복지를 해치거나 정상적 발달을 저해할 수 있는 성적 폭력 또는 가혹 행위를 말하고, 이에 해당하는지 여부는 행위자와 피해아동의 의사·성별·연령, 피해아동이 성적 자기결정권을 제대로 행사할 수 있을 정도의 성적 가치관과 판단 능력을 갖추었는지 여부, 행위자와 피해아동의 관계, 행위에 이르게 된 경위, 구체적인 행위 태양, 행위가 피해아동의 인격 발달과 정신건강에 미칠 수 있는 영향 등의 사정을 종합적으로 고려하여 사회통념에 따라 객관적으로 판단하여야 한다"*라고 판시했습니다.

즉, 피해자 측에서 '성희롱을 당했다'고 주장한다고 해서 모두 성희롱이 되는 것이 아니라, 아동에게 성적 수치심을 주는 성적 언동을 하여, 아동의 건강·복지를 해치거나 정상적 발달을 저해할 정도의 폭력 또는 가혹 행위에 이르러야 성희롱으로 인정되는 것입니다. 또한 당사자 간의 관계 등 전후 사정을 모두 고려해서 판단해야 합니다.

위 사례의 경우, 외모에 대한 발언을 한 앞뒤 대화의 맥락상 성희롱에 해당하지 않고, 학생들이 형사처벌까지는 원하지 않는다고 하여 내사 종결되었습니다.

● 대법원 2015. 7. 9. 선고 2013도7787
판결 참고

학생을 격려한 것이 성추행으로 몰리면

고등학교에 근무하는 최명진 선생님은 지역사회에서 소문난 열성 교사입니다. 가정형편이 어려운 학생이 있으면 사비로 문제집을 사주고, 학교 밖에서도 학생들과 자주 만나 영화를 보여주거나 밥을 사주곤 했습니다.

2017년, 최명진 선생님은 한부모가정이면서 부모의 지원을 제대로 받지 못하는 학생이 유독 신경 쓰였습니다. 평소 그 학생과 연락을 자주 주고받고, 종종 고기를 사주며 입시 상담도 해주었습니다. 그러던 어느 날, 평소처럼 고기를 사주고 학생을 집에 데려다주던 최명진 선생님은 주말에 대학 입시 면접이 예정된 학생의 손을 꼭 잡고 잘할 수 있다고 응원을 해주었습니다.

이후 어떠한 이유에서인지 해당 학생과 학생의 어머니는 최명진 선생님을 성추행 혐의로 고소했고, 검찰은 최명진 선생님을 「아동·청소년의 성보호에 관한 법률」 위반죄로 기소했습니다. 내년도 교감 연수 대상자였던 최명진 선생님은 어떻게든 무죄 판결을 받아야 한다는 생각에 소위 전관 변호사를 찾아갔는데, 그 변호사는 심급당 수천만 원의 수임료를 요구했습니다.

재판은 매우 더디게 진행되었습니다. 1심 판결을 받을 때까지 2년이 걸려, 2019년 드디어 법원으로부터 무죄 판결을 받았습니다. 그사이 교감 연수도 받지 못했고 별도로 징계위원회에도 회부되었습니다. 그러나 불행은 여기서 끝나지 않았습니다. 검찰이 법원의 판결에 불복해

항소했고, 최명진 선생님은 또다시 변호사 선임비를 지불하고 2심 재판에 대비해야 했습니다. 2심 재판은 1년 정도가 걸렸습니다. 2020년 초에 열린 2심 재판에서도 무죄 판결을 받았지만, 그간 수천만 원의 소송 비용을 지급했고 교육청에서는 별도의 징계 처분을 받았습니다.

대처 자신의 행위가 강제추행인지 확인하세요

1. **학생의 손을 잡은 행위가 강제추행인가:** 타인의 손을 강제로 잡았다면 분명 강제추행입니다. 그런데 최명진 선생님이 학생의 손을 잡았음에도 강제추행으로 인정되지 않은 이유는 다음과 같습니다.

첫째, 강제추행죄는 '폭행 또는 협박으로 사람에 대하여 추행 행위를 하는 경우' 성립하는 죄로, 판례는 상대방의 의사에 반하는 유형력有形力의 행사가 있다면 그 힘의 대소강약을 불문하고 추행이 된다고 판시하고 있습니다. 따라서 '상대방의 의사에 반하는 유형력'이 없다면 이를 강제추행이라고 하기 어려운데요. 위 사례에서는 최명진 선생님이 학생의 손을 잡았을 때 학생이 이를 뿌리치지 않고 함께 손을 흔들었다고 했기 때문에 강제추행으로 인정되지 않았습니다.

둘째, 단순히 손을 잡은 것만으로는 강제추행이 되기 어렵습니다. 판례가 '손은 성적 수치심이나 혐오감을 일으키는 신체 부위라고 보기 어렵고, 성적 언동을 하지 않는 이상 그것만으로 피해자의 성적 자유를 침해한다고 단정하기 어렵다'는 입장이기 때문에, 다른 성적 언동 없이 단순히 손을 잡은 것만으로는 수사 단계에서 불기소 처분이 되는 경우도 많습니다.

물론, 반대로 유죄가 인정되는 경우도 있습니다. 어느 학교의 부장교사가 교직원 연수 중 기간제 교사의 손을 주무르며 "여자는 손이 차면 안 된다. 따뜻하게 해주겠다"고 말하고, 피해자가 손을 뿌리쳤음에도 다시 손을 잡아 빼지 못하게 포갠 사례에서는 강제추행죄가 인정된 바 있습니다.*

2. 무죄 판결이 나왔는데 왜 징계를 받은 것일까: 징계는 행정기관 내부의 질서 유지를 위하여 내리는 행정처분으로, 국가 형벌권에 기초하여 신체적·재산적 자유를 제한하는 형벌과는 별개의 행정 행위입니다. 따라서 공무원에게 징계 사유가 인정되는 이상, 형사 사건에서 무죄 판결을 받더라도 별도의 징계 처분이 가능합니다. 위 사례의 경우, 최명진 선생님의 소속 교육지원청에서는 고등학교 3학년 여학생을 학교 밖에서 따로 만나고 손을 잡은 행위 자체가 품위유지 의무 위반이라고 보아 징계를 했습니다.

3. 학생과의 신체 접촉, 어디까지 허용될까: 원론적으로 말씀드리면, 강제추행에 해당

● 수원지방법원 2018. 8. 26 선고
2018고단1089 판결

하지 않는 접촉은 해도 됩니다. 다만, 최명진 선생님처럼 '강제추행이 아니라는 판결을 받기까지' 너무 큰 고통을 겪을 수 있습니다. 그러니 학생들과 신체적 접촉은 아예 하지 마시기를 권합니다.

제가 경험한 사례 중에는 단순히 복도에서 여자 중학생의 등에 손을 대고 "어서 교실로 가서 청소를 마무리하자"라고 말한 남성 교사가 1,000만 원 이상의 벌금형을 선고받고 해임된 사례도 있었습니다. 여학생이 브래지어 부분에 손이 닿아 불쾌했다고 진술했기 때문입니다.

남성 교사는 물론, 요즘에는 여성 교사를 성추행으로 신고하는 경우도 있으므로 학생들과의 신체 접촉에 주의하실 필요가 있습니다.

03

학교폭력과 관련한 고소·고발

　학교 내에서 학교폭력 사건이 벌어지면 가해자와 피해자가 모두 학생임에도, 교사에게 엉뚱하게 불똥이 튀는 일이 벌어집니다. 우선, 가해학생 측과 피해학생 측의 감정싸움이 격해지면서 그 울분을 담임교사나 학교폭력 담당 교사에게 쏟아내는 경우가 생깁니다. 또한 가해학생 측은 '너무 과한 처분이 내려졌다'며, 피해학생 측은 '너무 약한 처분이 내려졌다'며 학교 측의 절차를 문제 삼는 경우도 많습니다.

　여기에서는 학교폭력 사건과 관련해 학부모가 교사를 문제 삼는 대표적인 두 가지 경우를 살펴보겠습니다. 바로 「학교폭력예방 및 대책에 관한 법률」상 비밀누설죄'와 '형법상 공문서 위변조와 관련된 죄'입니다.

1. 「학교폭력예방 및 대책에 관한 법률」상 비밀누설죄란 무엇일까

「학교폭력예방 및 대책에 관한 법률」(이하 「학교폭력예방법」) 제21조는 학교폭력 업무를 수행하거나 수행했던 자가 그 직무로 알게 된 비밀 또는 자료를 누설하게 될 경우, 같은 법 제22조에 따라 1년 이하의 징역 또는 1,000만 원 이하의 벌금에 처하도록 규정하고 있습니다. 이때 누설하지 말아야 할 비밀의 범위는 다음과 같습니다.

- 학교폭력 피해학생과 가해학생 개인 및 가족의 개인정보
- 학교폭력 당사자에 대한 심의·의결과 관련된 발언 내용
- 그 밖에 외부로 누설될 경우 논란을 일으킬 우려가 있는 사항

(52쪽 「학교폭력예방법」 시행령 제33조 참고)

2. 공문서와 관련된 범죄는 무엇이고, 어떤 것이 문제가 될까

우리 형법은 공문서 위조·변조죄(제225조), 허위공문서 작성죄(제227조), 공전자기록 위작·변작죄(제227조의 2) 등을 공문서와 관련된 죄로 규정하고 있습니다.

'공문서의 위조'란 작성 권한이 없는 자가 공무소, 공무원의 명의를 이용하여 문서를 작성하는 것을 말합니다. 반면, '공문서의 변조'는 일단 유효하게 성립한 타인 명의의 문서의 동일성을 해치지 않는 선에서 변경을 가하는 것을 말합니다.

허위공문서 작성죄는 그 문서를 작성할 권한이 있는 명의인인 공무원이 허위 내용의 공문서를 작성하는 것을 말합니다. 「학교폭력예방법」과 관련해서는 다음과 같은 경우가 있을 수 있습니다.

- 학교폭력 업무 담당자가 아닌 교사가 학교폭력 사안 보고서의 사실관계를 임의로 작성함 → 공문서 위조
- 학교폭력 업무 담당자가 아닌 교사가 '학교폭력 행위 있었음'을 살짝 수정하여 '없었음'으로 바꿈 → 공문서 변조
- 학교폭력 업무 담당 교사가 실제로는 학교폭력 사실을 확인했는데도 '학교폭력 행위 없었음'이라는 내용의 학교폭력 사안 보고서를 작성함 → 허위공문서 작성

한편, 공전자기록 위작·변작이란 출력물이 아닌 전자기록에 허위정보를 입력하거나, 사실이 아닌 정보로 변경할 경우 성립하는 범죄로, 학교에서는 '나이스NEIS'나 '에듀파인EduFine'이 대표적인 공전자기록입니다.

•왜 교사가 타깃이 되는가　학교폭력 사건에서는 피해학생 측이나 가해학생 측이 모두 학교를 신뢰하지 않고 갈등상황이 심각해질 경우, 또는 교사에게 화풀이를 하기 위해 학교폭력 사건 관련 기록이 조작되었다는 등의 이유로 교사를 고소하는 경우가 발생합니다.

　장유진 선생님은 학급에서 발생한 학교폭력 사건에 대한 초동 조사를 진행하면서, 매우 곤란한 일을 겪었습니다.

　피해학생 측이 학교폭력 발생 사실을 신고한 후 장유진 선생님은 가해학생과 상담을 하여 가해 사실에 대한 진술을 받았습니다. 이때 가해학생은 자신이 행한 폭력을 모두 인정했습니다. 이후 장유진 선생님은 피해학생의 학부모와 전화 통화를 하면서, 상담 결과 피해학생 측이 주장하는 피해 사실이 모두 확인되었으니 학교폭력대책자치위원회가 열릴 것이라고 진행 절차를 설명했습니다. 그런데 가해학생 측에서 "가해학생의 진술을 피해학생 측에 알려준 것이 「학교폭력예방법」상 비밀누설죄에 해당한다"며 장 선생님을 고소한 것입니다.

　장유진 선생님은 학교폭력 당사자 간에도 이런 비밀유지 의무가 적용되는 것인지 의아했습니다. 그렇지만 담당 수사관은 법리적으로 비밀누설이 되는 것 같다며, '혐의 있음' 의견으로 검찰로 송치하겠다고 했습니다. 경찰이 혐의가 있다고 하니 이제라도 변호사를 선임해야겠다고 판단한 장유진 선생님은 지인의 소개로 이혼 전문 변호사를 소개받았습니다. 이혼 전문이기는 하나, 지인의 소개이므로 신경을 써 줄 것이라 믿었기 때문입니다.

　검찰로 송치된 사건은 변호사가 별다른 의견 제출을 하기도 전에 법리적으로 죄가 되지 않는다며 무혐의 처분 되었습니다. 변호사는 자신이 실제로 의견서를 제출하지 않았지만, 이미 의견서를 작성해두었기 때문에 업무를 다한 것이므로 선임료를 환불해줄 수 없다고 했습니다.

대처 **법리적인 반박 자료를 준비하세요**

1. 경찰의 법리판단이 틀릴 수 있을까: 꼭 경찰이 아니더라도, 검찰이나 변호사, 하물며 판사의 법리판단에도 오류가 발생하며 뒤집히기도 하는 것이 재판입니다. 특히 「학교폭력예방법」과 같이 역사가 짧은 법은 그 사례가 많이 누적되지 않아 명확한 판단이 어렵고, 공개된 판례도 많지 않습니다.

이럴 때 제가 드리고 싶은 팁은 '교육부 의견을 받으라'는 것입니다. 「학교폭력예방법」의 유관 부서는 교육부 학교생활문화과이고, 학교폭력과 관련된 유권해석은 이쪽에서 받는 것이 좋습니다. 물론, 교육부 유권해석이 재판 과정을 통해 뒤집힐 수도 있습니다만, 수사기관에 제출하기에는 가장 신빙성이 있는 해석입니다.

〈그림 2〉와 같이 국민신문고(www.epeople.go.kr)를 통해 교육부를 지정하여 선생님의 상황이 「학교폭력예방법」을 위반한 것인지 질의하면, 온라인 또는 서면 답변을 받을 수 있습니다.

변호사인 저도 이 방법을 자주 이용하는데, 아무래도 수사기관에서 개인 변호사인 저의 의견서보다 소관 정부부처의 공식

| 그림 2 | 국민신문고(www.epeople.go.kr)

민원내용   * 표는 필수 입력사항입니다.

민원 제목*

학교폭력법상 비밀누설에 해당하나요?

민원 내용*

담임교사가 학교폭력 가해학생의 가해 행위 내용을 피해 부모에게 알려준 것이,

학교폭력법 제21조 비밀누설금지에 위반되는 행위인지 궁금합니다.

(142/40000)

답변을 더욱 신뢰하기 때문입니다.

2. 위 사례에서 「학교폭력예방법」상 비밀누설죄가 성립할까: 「학교폭력
예방법」에서 비밀을 누설하지 않도록 정한 이유는 학생과 관련
한 민감정보가 외부에 유출될 경우 학생들에게 돌이킬 수 없는
피해가 발생하기 때문입니다.

「학교폭력예방법」 시행령 제33조에서는 비밀의 범위를 다음과
같이 규정하고 있습니다.

- 학교폭력 피해학생과 가해학생 개인 및 가족의 성명, 주민등록번호
  및 주소 등 개인정보에 관한 사항
- 학교폭력 피해학생과 가해학생에 대한 심의·의결과 관련된 개인별 발

언 내용

- 그 밖에 외부로 누설된 경우 분쟁 당사자 간에 논란을 일으킬 우려
가 있음이 명백한 사항

학교폭력 사건에 관한 사실관계의 경우 이미 학교폭력 피해학
생과 가해학생 모두 알고 있는 것이고, 학교폭력대책자치(심의)위
원회가 개최될 경우 더더욱 확인할 수밖에 없는 정보이므로 비
밀이라고 보기 어렵습니다.

위 사례에서도 수사관의 판단은 검찰에 의해 뒤집혔고, 최종
적으로 불기소 처분 되었습니다.

학교폭력 조사 보고서가 조작되었다고 고소당했을 때

　조성재 선생님은 학교폭력 업무를 담당하는 부장교사입니다. 학교
폭력 사건이 발생했을 때 사실관계를 조사하여 기록하는 것이 자신의
업무인데, 이와 관련하여 피해학생 측과 가해학생 측이 모두 문제 제
기를 하니 너무나 고통스럽습니다.

　특히 가해학생 측 학부모는 조성재 선생님을 허위공문서 작성죄로
고소하기까지 했습니다. 자신의 아이는 가해 행위를 한 적이 없고 이
에 대한 별도의 증거도 없는데, 조성재 선생님이 아이의 진술을 위조
해서 보고서를 작성했으며, 사실이 아닌 내용을 보고서에 넣었다는
주장이었습니다.

　사실 공문서를 허위로 작성했는지 여부는 수사를 통해 매우 쉽게
사실관계를 확인할 수 있는 범죄로서, 조성재 선생님이 가해학생 및
관련 학생과 면담하여 보고서를 작성한 것에 대한 증인이 매우 많았
습니다. 그런데도 조성재 선생님은 경찰에 출석해 여러 시간 동안 진
술을 해야 했습니다. 또한 교육청에 수사 개시 사실이 통보되어 교육
청에 제출할 사유서도 별도로 작성해야 했습니다.

　여기서 끝이 아니었습니다. 형사고소가 잘 풀리지 않을 것 같자, 가
해학생의 학부모는 조성재 선생님이 자신의 아이에게 강압적으로 진
술하게 하여 인권을 침해했다며 국가인권위원회에 진정을 넣었습니다.
조성재 선생님은 국가인권위원회에 이에 관한 답변서를 제출해야 했
고, 별도로 국가인권위원회의 조사도 받아야 했습니다.

대처 **수사기관에 의견서를 미리 제출하세요**

1. **의견서를 미리 제출하는 것이 유리할까:** 형사 사건의 피의자가 될 때는 경찰 수사 전에 의견서를 미리 제출해서 수사관이 사건의 쟁점에 집중할 수 있도록 돕는 것이 좋습니다. 특히 위 사례와 같이 명백한 허위사실에 대한 고소의 경우, 수사기관에 그 고소 내용의 허무맹랑함을 미리 밝히면 수사가 빨리 종결될 수 있는데, 그 수단이 바로 의견서입니다. 의견서를 통해 해당 사건이 학부모의 악성 민원에서 비롯된 것임을 밝혀 수사관에게 이 사건의 본질적 성격을 귀띔해줄 수 있기 때문입니다.

피의자 의견서는 〈예시 1〉과 같은 형식으로 작성하면 됩니다.

2. **국가인권위원회의 조사와 결정은 어떤 의미가 있을까:** 국가인권위원회는 인권 침해 행위나 차별 행위에 대한 조사와 구제를 하는 기관으로, 학교의 경우 「국가인권위원회법」 제30조 제1항 제1호에 따라 위원회의 진정 대상이 됩니다.

국가인권위원회의 결정 자체가 형법이나 징계와 같은 강제력을 갖지는 않습니다. 그렇지만 교사의 경우 인권 침해 사실이 인정되면 징계를 받을 수 있고 민사상 손해배상 책임도 발생할 수 있으므로 국가인권위원회의 조사에 성실하게 응하는 것이 좋습니다(드문 경우지만 국가인권위원회가 '고발'하여 수사가 개시될 가능성도 있습니다).

피 의 자 의 견 서

고 소 인   가해학생의 부 ○○○
피고소인   조 성 재

피의자에 대한 허위공문서 작성 피의 사건에 관하여 다음과 같이 의견을 개진합니다.

다 음

1.   고소 내용

        고소인은 피고소인이 학교폭력 사건을 처리함에 있어, 허위의 사실을 적시하여 학교폭력 사안 보고서 등의 문서를 작성하였다고 주장하고 있습니다.

2.   허위공문서 작성죄의 구성 요건 및 사건의 쟁점

        가. 구성요건
        형법 제227조 허위공문서 작성죄는 공문서의 특수한 신용을 고려하여 문서의 무형위조를 처벌하는 범죄로서, ①직무에 관하여 문서를 작성할 권한이 있는 공무원이 ②공문서에 ③진실에 반하는 기재를 하는 것을 구성요건으로 합니다.

        나. 사건의 쟁점
        해당 사안의 경우 '작성 권한 있는 공무원'인 공립학교 담당교사가 '직무에 관하여 작성한 문서'에 대한 것이므로 위 구성요건상 ①, ②번은 다툼의 여지가 없고, ③번 요건인 '진실에 반하는 기재'인지 여부가 문제 된다 할 것입니다.

3.   피고소인의 보고서가 '진실에 반하는 기재'인지 여부

        가. 대법원 판례의 태도

        1) 대법원 2005. 9. 29 선고 2005도3321 판결 허위공문서 작성 등의 판례는 "허위공문서 작성죄란 공문서에 진실에 반하는 기재를 하는 때에 성립하는 범죄이므로 공문서가 단지 공문서 작성 기관의 의견이나 판단을 기재하고 있는 것에 불과하고, 그 전제가 되는 사실관계에 대한 내용에 거짓이 없다면 그것이 업무처리에 대한 내부 지침을 위반한 것이라 하더라도 허위공문서 작성죄는 성립하지 않는다고 할 것이다"라

고 판시하고 있습니다.

2) 피고소인이 작성한 학교폭력 사안 보고서는 학교폭력 사안의 조사 내용과 조사자 의견이 적시된 문서로서, 전제가 되는 사실관계에 대한 내용에 거짓이 없다면 허위공문서 작성죄는 성립하지 않습니다.

3) 피고소인이 작성한 보고서의 내용은
① 가해학생 ○○○의 진술 내용
② 피해학생 ○○○의 진술 내용
③ 목격학생 ○○○의 진술 내용
④ 사안에 대한 결론

4) 이 중 ①항 내지 ③항의 내용은 모두 녹취파일이 존재하므로 사실 여부를 쉽게 확인할 수 있습니다(증 제1호증 학생 진술 녹취록). 또한 ④항의 경우 학교폭력 업무 담당자인 피고소인의 판단을 적은 것에 불과하여, 위 대법원 2005도3321 판례에 따르면 허위공문서 작성죄에 해당하지 않습니다.

4. 결론

이상과 같이 피고소인이 작성한 학교폭력 사안 조사 보고서에는 사실과 다른 내용이 없고, 피고소인의 의견을 작성한 부분은 허위공문서 작성죄에 해당하지 않습니다.

이 사건은 자신의 자녀가 학교폭력 가해자로 처벌받을 위기에 놓인 학부모가 학교 측 조사 결과를 뒤집기 위해 무리하게 고소를 진행한 건입니다. 저는 앞으로 후배 교사들이 불합리한 고소·고발에 시달리지 않고 교육에만 전념할 수 있도록, 이번 일을 그냥 넘기지 않고 고소인에 대해 무고의 죄를 물을 예정입니다.

부디 학교가 바로 설 수 있도록 명명백백한 수사를 해주시길 부탁드립니다.

첨 부 서 류

1. 증 제1호증   학생 진술 녹취록

2020. 11. 19.
피고소인 조 성 재 (인)

수원 ○○경찰서 귀중

또한, 요즘 학부모들은 형사고소만 하지 않고, 형사고소와 함께 국가인권위원회 진정을 진행하는 경우가 많습니다. 이때 국가인권위원회에 현재 해당 사건이 형사 수사 진행 중이므로 「국가인권위원회법」 제32조 제1항 5호*에 따라 각하해줄 것을 요청하는 것도 하나의 방법입니다.

* 국가인권위원회법 제32조(진정의 각하 등)
① 위원회는 접수한 진정이 다음 각 호의 어느 하나에 해당하는 경우에는 그 진정을 각하(却下)한다.
5. 진정이 제기될 당시 진정의 원인이 된 사실에 관하여 법원 또는 헌법재판소의 재판, 수사기관의 수사 또는 그 밖의 법률에 따른 권리구제 절차가 진행 중이거나 종결된 경우. 다만, 수사기관이 인지하여 수사 중인 형법 제123조부터 제125조까지의 죄에 해당하는 사건과 같은 사안에 대하여 위원회에 진정이 접수된 경우에는 그러하지 아니하다.

형사소송, 이런 것을 챙기세요

1. 검경 수사권이 조정되었습니다

2021년 1월 1일자로 검찰의 직접 수사 범위가 6대 범죄로 축소되고, 검사의 경찰에 대한 수사지휘권이 폐지되었습니다. 이제 경찰이 '혐의 없다'고 판단한 사건은 스스로 종결할 수 있습니다. 따라서 예전에는 '일단 경찰 수사를 받아보고, 검찰 단계에서 변호인 선임 여부를 결정해야겠다'고 생각했던 사안도, 이제부터는 경찰 단계에서부터 적극적으로 대응할 필요가 있겠습니다. 다만, 아동학대 사건의 경우에는 「아동학대범죄의 처벌 등에 관한 특례법」 제24조에 따라 경찰이 혐의가 없다고 판단되는 사건에 대해서도 검사에게 송치해야 합니다.

2. 변호사 선임 계약은 이렇게 해보세요

관련된 사건이 증거관계가 복잡하고, 혐의가 인정될 여지가 많다면 당연히 초기 단계부터 변호사를 선임하는 것이 좋습니다.

다만 고소 내용이 학부모의 주장뿐이고 혐의도 가벼울 경우, 변호사를 선임하는 것이 고민될 수 있습니다. 이런 경우에는 일단 경찰 조사에만 변호인이 함께 입회하도록 선임 계약을 맺으셔도 됩니다. 보통 변호사의 형사 사건 수임 계약은 수사 단계부터 1심 판결 시까지를 업무 범위로 정합니다. 따라서 일단 수사 입회만 일부 비용으로 계약하고, 필요하면 추가 비용을 지급하는 방안을 고려하셔도 좋겠습니다.

3. 탄원서의 효과는 이렇습니다

형사 사건이 발생하면 여기저기서 탄원서를 잔뜩 받아 오시는 선생님이 많습니다. 그러나 탄원서가 있다고 해서 '범죄 혐의 사실' 자체가 없던 일이 될 수는 없습니다. 탄원서는 형벌의 양을 정하는 데 참고 자료가 될 수는 있을지언정 유무죄의 결정에는 큰 역할을 하지 못하므로, 불필요한 노력을 하지 마시기 바랍니다.

다만 아동학대 혐의를 받는 교사가, 피해학생과 같은 반의 학부모와 학생들로부터 "참 좋은 선생님"이라는 취지의 탄원서를 받는 것은 수사에서 유의미하게 작용할 여지가 있습니다. 다른 학생들이 모두 좋은 선생님이라는데 피해학생만 폭력을 당했다고 주장한다면, 수사기관이 좀 더 신중하게 수사를 할 것이기 때문입니다.

2장

교사가 당할 수 있는
민사소송

예전과 달리, 이제는 교사와 학교가 학부모로부터 여러 가지 민사소송을 당하는 일도 늘어나고 있습니다. 형사소송이 '어떠한 행위가 죄가 되고 어떤 처벌을 받게 되는가'에 대한 것이라면, 민사소송은 재산관계에 관한 소송입니다. 특히 교사에 대한 민사소송은 대부분 '손해배상' 소송입니다. 교사가 학생에게 위법 행위를 했으니, 그로 인한 손해를 배상하라는 것입니다.

형사고소의 경우, 고소만 하면 수사기관이 수사를 하기 때문에 비교적 쉽게 고소·고발이 이루어지곤 합니다. 그에 비하면, 민사소송은 대부분 변호사를 선임하여 진행하기 때문에 쉽게 제소할 수 없음에도, 교사를 상대로 한 민사소송이 기하급수적으로 늘어나고 있습니다. 그런 이유에는 여러 가지가 있겠지만, 학부모들의 권리의식이 신장됨과 동시에 법률서비스에 접근하기 쉬워진 것도 하나의 이유로 보입니다.

민사소송은 형사소송과 달리 교사 개인이 소송의 당사자가 되어 직접 다툰다는 데 어려움이 있습니다. 특히 상대방이 변호사를 선임하여 소를 제기하는 경우, 법정에 혼자 나가 변론하는 것은 쉬운 일이 아닙니다. 민사소송은 '변론주의'가 적용되기 때문에 당사자가 직접 소송을 하기가 특히 어렵습니다.

변론주의란 소송 당사자가 법률 규정의 요건 사실을 주장하고 (주장 책임), 이에 대한 증거를 수집·제출할 책임(증명 책임)을 부담하는 것을 말합니다. 법원은 당사자가 주장하고 제출한 주요 사실과 증거만을 기초로 판단해야 하며, 당사자가 주장하지 않은 사실이나 증거를 판단의 기초로 삼을 수 없습니다.

의뢰인들과 상담을 하다 보면 본인이 억울한 특정 부분만 반복해서 말하고, 정작 '법리적으로 중요한 사실'은 말하지 않는 경우가 많습니다. 본인한테 유리한 사실이 있다 해도 법원에 제출하지 않으면 증거가 되지 않습니다.

이 장에서는 학부모들이 교사를 상대로 민사소송을 제기하는 주요 사례를 소개하고, 그에 대한 적절한 대처 방법을 설명하고자 합니다.

01

학교안전사고에 따른 손해배상

「학교안전사고 예방 및 보상에 관한 법률」 제2조 제6호에 의해, '학교안전사고'란 교육활동 중에 발생한 사고로서, ① 학생·교직원 또는 교육활동 참여자의 생명 또는 신체에 피해를 주는 모든 사고 및 ② 학교급식 등 학교장의 관리·감독에 속하는 업무가 직접 원인이 되어 학생·교직원 또는 교육활동 참여자에게 발생하는 질병 중에서 '대통령령이 정하는 것'을 말합니다.

이때 '대통령령이 정하는 것'은 「학교안전사고 예방 및 보상에 관한 법률」 시행령 제3조에서 다음과 같이 제시하고 있습니다.

- 학교급식이나 가스 등에 의한 중독
- 일사병日射病

- 이물질의 섭취 등에 의한 질병
- 이물질과의 접촉에 의한 피부염
- 외부 충격 및 부상이 직접적인 원인이 되어 발생한 질병

•왜 교사가 타깃이 되는가   민법 제750조[•]는 고의 또는 과실의 위법 행위로 타인에게 손해를 끼쳤을 경우 그 손해를 배상하도록 규정하고 있습니다. 만약 교사가 고의 또는 과실로 학생을 다치게 했다면 이 조항이 적용되어 손해배상 책임이 발생합니다. 이 경우 민법 제751조 제1항^{••}에 따라 정신적 손해배상(흔히 이야기하는 '위자료')도 해야 합니다. 우리 판례는 친권자의 법정 감독자 의무에 대신하여 학생을 보호·감독할 의무가 학교장이나 교사에게 있다고 판시하고 있습니다. 따라서 학교에서 사고가 발생했을 때 교사가 그 주의 의무를 다하지 않았다면 교사의 과실이 인정돼 민법상 손해배상 의무가 발생합니다.

    학교안전사고가 일어나 자녀가 크게 다치거나 혹시라도 사망한다면 학부모는 원망스러운 마음에 담임교사 및 학교장을 상대로 그 책임을 묻고자 합니다. 문제는 교사와 학교의 과실이 인정되는 경우와 그렇지 않은 경우가 분명하게 구분되지 않는다는 것입니다. 여기에서는 사례를 통해 학교안전사고에서 교사와 학교의 과실 범위를 짚어보겠습니다.

• 민법 제750조(불법 행위의 내용)
고의 또는 과실로 인한 위법 행위로 타인에게 손해를 가한 자는 그 손해를 배상할 책임이 있다.

•• 민법 제751조(재산 이외의 손해의 배상)
① 타인의 신체, 자유 또는 명예를 해하거나 기타 정신상 고통을 가한 자는 재산 이외의 손해에 대하여도 배상할 책임이 있다.

과학 실험 중 발생한 사고

사례A 초등학교 5학년 학생인 ㄱ은 과학 실험 중 아세톤 용액에 직접 코를 대고 냄새를 맡은 후 뇌경색이 와서 급히 병원으로 이송되었습니다.

사례B 초등학교 6학년인 ㄴ은 교사의 허락 없이 과학실에 들어가 실험을 하던 중 폭발사고가 발생해 사망했습니다.

ㄱ 측과 ㄴ 측은 모두 담당 교사와 학교에 책임을 묻는 민사소송을 제기했는데, ㄱ 측의 소송은 기각되었고, ㄴ 측의 소송은 인용되었습니다.

대처 교사와 학교의 보호 의무를 파악하세요

1. 학교에서 사고가 발생했을 때 왜 교사가 책임을 질까: 원칙적으로 아동의 보호·감독자는 친권자입니다. 하지만 교육 관련 법령에 따라, 아동이 학교로 등교하면 교사에게 학생에 대한 보호·감독 의무가 발생한다고 우리 법원은 보고 있습니다. 즉, 학교에서 친부모와 마찬가지의 보호·감독 의무가 있는 교사가 그 책임을 다하지 못해 학생이 사고를 당했다면 이에 대한 손해배상 책임을 져

야 한다는 것입니다.

2. 학교에서 발생하는 모든 사고가 교사의 책임일까

이와 같은 교사의 보호·감독 의무는 학교 안에서 일어나는 학생의 모든 생활관계에 미치는 것이 아니고 학교에서의 교육활동 및 이와 밀접 불가분의 관계에 있는 생활관계에 제한됩니다. 또한 그 의무 범위 내의 생활관계라고 하더라도 사고가 학교생활에서 통상 발생할 수 있다고 하는 것이 예측되거나 또는 예측 가능성(사고 발생의 구체적 위험성)이 있는 경우에 한하여 성립합니다.

이 예측 가능성에 대한 판례는 교육활동의 때, 장소, 가해자의 분별 능력, 가해자의 성행[성품과 행실], 가해자와 피해자의 관계, 기타 여러 사정을 고려하여 판단할 필요가 있다고 판시*했습니다.

3. 사례A와 사례B의 차이는 무엇일까

사례A의 경우 ㄱ의 뇌경색 증상과 아세톤 흡입의 인과관계를 인정하기 어려웠을 뿐 아니라, 과학 교사는 실험 당시 창문을 열고 약품의 냄새를 직접 맡지 않도록 하는 주의사항을 설명하는 등 과학 지도 교사로서 해야 할 안전지도를 다 했기 때문에 학생에 대한 주의 의무를 다 했다고 볼 수 있습니다.

사례B의 경우 ㄴ은 '열려 있는 과학실 출입문을 통해' 과학실로 들어가, 위험한

* 대법원 1993. 2. 12 선고 92다13646 판결 등 다수

실험 재료로 실험을 했습니다. 판례는 이 사건에서 과학실 담당 교사가 관리 책임자라고 인정했습니다. 과학 교사에게는 과학실을 자신의 책임 아래 개방하되 자신이나 실험 보조원이 상주하지 않은 상태에서는 이를 절대로 개방해서는 안 되고, 또한 폭발성 및 인화성이 강한 화공 약품은 약품 상자에 넣고 잠금장치를 하여 안전하게 보관함으로써 호기심이 많은 초등학교 학생들에게 위험한 화공 약품을 노출시키지 말아야 할 중대한 주의 의무가 있습니다. 사례B의 과학 교사는 이를 현저히 게을리한 것으로, 중대한 과실이 있다고 본 것입니다.

4. 안전사고로 인한 손해배상금을 교사 개인이 지급해야 할까: 공무원이 불법 행위를 하여 타인에게 손해를 입힌 경우, 「국가배상법」에 따라 국가 또는 지방자치단체가 그 손해를 배상할 의무가 있습니다(「국가배상법」 제2조 제1항).

다만, 이때에도 차이가 생깁니다. 공무원이 경미한 과실만 했다면 국가 또는 지자체가 온전히 책임을 지게 됩니다. 그러나 공무원이 '고의' 또는 중대한 과실로 불법 행위를 한 것이라면 공무원 개인에게 국가나 지자체가 구상 청구를 할 수 있습니다(「국가배상법」 제2조 제2항).

사례B에서는 법원이 과학실 담당 교사에게 '중과실'이 있다고 판단했으므로, 지방자치단체는 해당 교사 개인에게 손해배상액 전액을 구상 청

● 청주지방법원 1999. 1. 1 선고 98가합 1154 판결

구할 수 있습니다.

5. 과학 교사가 평소 신경 써야 할 주의 의무란: 과학실의 관리 책임자는 과학실 문 앞에 (정)으로 표시된 과학실 담당 교사입니다. 따라서 과학실 담당 교사는 ① 평소 학교시설안전관리기준에 따라 실험·실습 시설의 설비와 비품을 관리해야 하고, ② 교사나 보조교사가 없는 상태에서는 과학실을 개방하면 안 됩니다. 또한 ③ 폭발 또는 인화성 약품은 안전한 장소에 보관하고 별도의 잠금장치 등을 통해 학생들이 접근하지 못하게 해야 하고, 수업 시간마다 ④ 실험 전 실험 방법을 설명하고 안전지도를 해야 합니다. 끝으로, ⑤ 사고가 발생하면 즉시 보건 교사에게 알리고, 학생을 병원으로 이송해야 합니다.

사례A 초등학교 6학년 학생인 ㄱ은 같은 반 친구 ㄴ이 숨겨놓은 가방을 줍기 위해 창문을 넘어 난간으로 갔다가 추락해 좌대퇴골 경부 골절 등 상해를 입었습니다.

사례B 고등학교 3학년 학생인 ㄷ은 평소 출입이 금지되어 있는 학교 난간으로 담배를 피우러 나갔다가 추락사했습니다.

ㄱ의 부모는 학교와 ㄴ의 부모에게 약 3,000만 원 상당의 손해배상을 청구했고, ㄷ의 학부모는 학교에 1억 2,000여 만 원의 손해배상을 청구했습니다. 그런데 법원의 판결에서 ㄱ 측의 청구는 일부 인용되었고, ㄷ 측의 청구는 모두 기각되었습니다.

대처 공작물의 점유자 및 소유자의 책임을 확인하세요

1. 시설물과 관련된 책임은 학교가 져야 할까: 앞서 말씀드린 것처럼, 민법 제750조와 제751조 제1항에 의해 일반 불법 행위 책임에 따라 교사나 학교가 손해배상 책임을 질 수 있습니다.

반면 민법 제758조°는 공작물의 설치 또는 보존상의 하자로 인해 타인에게 손해가 발생하면, 공작물의 점유자 또는 소유자가 손해배상할 책임이 있다고 규정하고 있습니다. 이때 공작물이란 '인공적 작업에 의해 제작된 물건'을 말하고, 그 설치 또는 보존의 하자란 '공작물의 설치 또는 보존에 불완전한 점이 있어 이 때문에 공작물 자체가 통상 갖추어야 할 안정성에 결함이 있는 상태'를 말합니다.

즉, 공작물인 학교 시설물에 어떤 하자가 있어 학생이 다치는 사고가 발생했다면, 그 시설물의 점유자 또는 소유자가 손해를 배상해야 하는 것입니다. 다만 민법 제758조는 사립학교에 적용되는 법입니다. 국공립학교의 경우 「국가배상법」이 우선 적용되어 국가나 지자체가 배상 책임을 집니다.

2. 사례A와 사례B는 왜 다른 판결을 받았을까: 사례A의 경우, 재판부는 건물 4층에 위치한 6학년 교실 창문에 학생들이 창 밖으로 나가지 못하도록 하는 안전봉 등의 안전시설을 갖추지 않은 것이 사고의 원인이라고 보았습니다. 판례는 어린 학생들이 교실 밖 난간으로 넘어가 사고가 발생할 경우까지 예상해 창에 안전봉을 설치하는 등의 안전시설을 설치하지 않은 서울특별시에 설치 및 관리상의 하자 책임을 물었습니다(ㄱ의 가방을 창 밖에 숨긴 ㄴ의 부모에게도 일부 책임이 있다고 인정했습니다).

● (앞쪽) 민법 제758조(공작물 등의 점유자, 소유자의 책임)
① 공작물의 설치 또는 보존의 하자로 인하여 타인에게 손해를 가한 때에는 공작물 점유자가 손해를 배상할 책임이 있다. 그러나 점유자가 손해의 방지에 필요한 주의를 해태하지 아니한 때에는 그 소유자가 손해를 배상할 책임이 있다.
② 전 항의 규정은 수목의 재식 또는 보존에 하자 있는 경우에 준용한다.
③ 제2항의 경우에 점유자 또는 소유자는 그 손해의 원인에 대한 책임 있는 자에 대하여 구상권을 행사할 수 있다.

반면 사례B의 경우, 충분히 분별력을 갖췄다 할 수 있는 고등학교 3학년 학생이 출입이 금지된 창문을 넘어가 담배를 피울 것까지 예상하기는 어렵다고 보아, 재판부는 학교 측의 책임을 인정하지 않았습니다.

3. 시설물로 인해 사고가 발생했을 때 교사 개인이 책임을 질 수도 있을까: 학교 시설물과 관련한 사고에서 교사 개인이 책임을 지게 되는 경우는 발생하기 어렵습니다.

만약 공립학교에서의 시설물 사고라면 「국가배상법」 제5조*에 따라 국가나 지방자치단체가 책임을 지게 되고, 사립학교에서 사고가 발생한 경우 시설물의 점유 또는 소유자인 학교법인이 책임을 질 것이기 때문입니다.

● 국가배상법 제5조(공공시설 등의 하자로 인한 책임)
① 도로·하천, 그 밖의 공공의 영조물(營造物)의 설치나 관리에 하자(瑕疵)가 있기 때문에 타인에게 손해를 발생하게 하였을 때에는 국가나 지방자치단체는 그 손해를 배상하여야 한다. 이 경우 제2조 제1항 단서, 제3조 및 제3조의 2를 준용한다.
② 제1항을 적용할 때 손해의 원인에 대하여 책임을 질 자가 따로 있으면 국가나 지방자치단체는 그 자에게 구상할 수 있다.

사례A 중학교 기간제 교사였던 ㄱ선생님은 선천적인 질환을 앓고 있어 '요양호 학생'으로 등록된 학생을 따로 확인하지 않고 운동장을 뛰도록 하여 피해자에게 허혈성 뇌손상 및 사지 불완전마비 등의 상해를 입게 했다는 이유로 민형사상 책임을 지게 되었습니다.

사례B 담임교사의 부재로 6학년 보결수업을 담당하게 된 ㄴ선생님은 체육 시간에 학생들끼리 축구 경기를 하도록 지도했습니다. 그런데 축구 경기 도중 공격수인 학생과 골키퍼인 학생의 무릎이 서로 부딪쳤고, 피해학생은 허벅다리(우측 대퇴골 원위부)가 골절된 상해를 입었습니다. 피해학생의 학부모는 ㄴ선생님이 주의 의무를 다하지 않았다며 손해배상 청구를 했지만, 기각되었습니다.

대처 체육 교사의 주의 의무를 파악하세요

1. 사례A와 사례B의 결론이 다른 이유는 무엇일까: 사례A의 경우 피해학생이 이 사건 전 체육 수업 중에도 쓰러진 적이 있었고, 학부모가 학교에 찾아와 무리한 운동을 하지 않도록 해달라고 부탁했으며 '요양호 학생'*이었다는 것이 결정적인 이유였습

● 요양호(보호) 학생이란 만성질환을 가지고 있거나 신체가 허약해 학교 교육활동 중 건강상 문제가 발생할 가능성이 있어 특별한 주의가 필요한 아동입니다.

니다.

ㄱ선생님은 수업 전 몸이 좋지 않은 학생은 참관만 하도록 안내했고, 준비운동을 철저히 시키는 등 체육 교사로서의 일반적인 의무는 다했습니다. 그러나 판례는 12세 남짓한 중학생은 자기 병의 심각성을 충분히 인식하기 어렵고 자기 의사를 뚜렷이 드러내기 어렵다는 이유로 ㄱ선생님의 업무상 과실치상죄를 인정했습니다.[*] 이 경우 형사처벌과는 별도로 피해학생 측에 민사상 손해배상도 해야 합니다.

사례B에서 ㄴ선생님은 축구 경기 시작 전에 시합 중 유의사항과 간단한 규칙을 설명했고, 몸이 불편하거나 체육 활동이 곤란한 학생은 스탠드에 앉아서 참관하게 했으며, 간단한 체조로 준비운동도 시켰습니다. 판례는 축구 시합을 지도하는 교사에게 학생들이 시합 도중에 우연히 몸이 부딪치는 것까지 방지할 주의 의무가 있다고 보기는 어려운 점, 이 사고가 정상적으로 진행되는 시합 도중 우연히, 또 순간적으로 발생한 점 등에 비추어, ㄴ선생님이 학생들이 안전하게 축구 시합을 할 수 있도록 지도·감독할 주의 의무를 다했다고 판시했습니다.[**]

2. 체육 교사가 평소 신경 써야 할 주의 의무: 체육 수업을 진행하는 교사는 다음과 같은 주의 의무를 갖습니다.

① 매 시간 준비운동을 시키고, ② 체

[*] 대구지방법원 2006. 4. 7 선고 2005고단7697 판결

[**] 수원지방법원 2000. 8. 25 선고 97가합21478 판결

육 활동의 규칙 및 유의사항을 설명하고 시범을 보일 필요가 있을 때 적절한 시범을 보이고, ③ 건강에 이상이 있는 학생은 참여를 배제하며, ④ 학생들의 체육 활동을 방치하지 말고 감독 의무를 다해야 할 것이며, ⑤ 사고가 나면 즉각 보건 교사와 함께 학생을 병원으로 이송해야 합니다.

사례A A초등학교 4학년 담임인 ㄱ선생님은 학생들을 인솔하여 학교 인근 하천으로 현장학습을 나가 하천생물에 대한 조사활동을 했습니다. 그런데 한 학생이 발을 헛디뎌 하천에 빠지게 되었고, 5분 정도 물속에서 나오지 못해 저산소성 뇌손상, 사지 불완전마비 등의 상해를 입게 되었습니다.

사례B B고등학교는 모 여행사와 여행 계약을 체결해 1학년 학생들이 해외로 수학여행을 떠났습니다. 여행 2일차에 학생들은 리조트 내 수영장에서 물놀이를 했는데, 한 학생이 물속에서 빠져나오지 못하고 의식을 잃는 사고를 당했습니다. 학생은 현지 병원에서 입원치료를 받았고 수천만 원의 치료비가 발생했습니다.

두 사례에서 모두 피해학생 측이 학교의 책임을 물었지만, 사례A에서만 학교의 책임이 인정되었습니다.

대처 현장체험학습에서 교사의 주의 의무를 파악하세요

1. 사례A와 사례B의 결론은 왜 다르게 나왔을까: 사례A에서 학교의 책임이 인정된 이유는 다음과 같습니다. 첫째, 사고 발생 지점이

평소 익수 사고가 많이 발생하는 하천이었고, 둘째, 초등학생들을 대상으로 현장학습을 실시할 때에는 안전시설의 설치, 구호장비 및 응급장비의 구비, 지도 교사의 배치 등 사고 방지를 위해 충분한 안전조치를 취해야 할 의무가 있으나 이를 이행하지 않았습니다. 따라서 학교의 손해배상 책임이 인정된 것입니다.

사례B에서 학교의 책임이 인정되지 않은 이유는 다음과 같습니다. 첫째, 여행사가 학교와 체결한 계약 내용과 다른 숙소로 임의로 변경했습니다. 따라서 인솔 교사가 수영장 시설 및 안전시설을 충분히 확인할 기회가 없었습니다. 둘째, 피해학생이 인솔 교사의 지도에 불응하고 수심이 깊은 곳으로 갔다가 사고가 났으며, 고등학교 1학년은 사고의 위험성을 예상하고 회피할 수 있는 나이라고 볼 수 있습니다. 따라서 학교의 책임은 부정되고 여행사의 손해배상 책임만이 인정되었습니다.

2. 수학여행 등 야외활동에서 교사의 주의 의무: 현장학습 등을 떠나기 전에 담임교사는 ① 가정통신문을 교부하는 것에 그치지 말고 학생들에게 직접 안전교육을 실시하고, ② 수련회장이나 캠프장에 위탁하여 프로그램을 진행할 때에도 학생들의 활동을 확인·감독해야 합니다. 이동 시 ③ 버스 등 교통수단에서 안전벨트를 꼭 매도록 지도하고, ④ 숙소에 도착해서도 안전지도를 별도로 해야 합니다. 끝으로, ⑤ 사고가 발생하면 즉시 병원으로 학생을 이송하며 적절한 응급조치를 취해야 합니다.

사례A   중학교 2학년 학생인 ㄱ은 3교시 체육 시간에 테니스 서브 실기시험을 보고, 쉬는 시간에 교실로 들어가라는 교사의 말을 무시한 채 서브 연습을 했습니다. 그러다 맞은편 학생이 놓친 라켓에 맞아 우측 안와 골절상, 우안 안검 열상, 우안 하안검 이완 등의 상해를 입었습니다.

사례B   초등학교 6학년 학생인 ㄴ은 실과 수업 시간 전 쉬는 시간에 다른 학생이 던진 아크릴판에 눈을 맞고 천공성 각막 열상을 입었습니다.

우리 법원은 사례A의 사고에서는 담당 교사의 책임을 인정했고, 사례B의 사고에서는 담당 교사의 책임을 인정하지 않았습니다.

대처 휴식 시간에 대한 교사의 보호·감독 의무를 알아두세요

1. 교사가 없을 때 발생한 사고까지 책임져야 할까: 앞서, 교사에게는 학생에 대한 보호·감독 의무가 있다고 말씀드렸는데요. 우리 법원의 판례는 이러한 보호·감독 의무가 교육활동 중일 때뿐만 아니라 교육활동과 질적·시간적으로 밀접 불가분의 관계에 있는

시간에도 미친다고 판시하고 있습니다.*

따라서 교사가 직접 관리하지 않는 쉬는 시간이나 점심시간에 사고가 발생해도 교사의 보호·감독 의무 위반 여부가 문제 될 수 있습니다.

2. 사례A와 사례B의 결론은 왜 다르게 나왔을까: 사례A에서 체육 교사는 3교시 수업 시간 종료 벨이 울린 후에 테니스 서브 실기 시험을 치른 학생들은 교실로 복귀시키고 나머지 학생들에 대한 시험을 계속 실시하던 상황이었습니다. 판례는 "체육 교사는 이미 시험을 치른 학생들이 모두 교실로 복귀하였는지, 그렇지 않다면 최소한 시험을 치르고 있는 테니스 코트를 중심으로 보호막이 있는 곳까지의 공간에 아직 학생들이 남아 있는지 확인하고, 그 학생들을 모두 퇴장시킨 후에 비로소 남아 있는 학생들에 대한 시험을 실시하여 테니스 코트 내에서의 안전사고를 방지할 주의 의무가 있음에도 이를 게을리한 과실이 있다 할 것"** 이라고 보았습니다.

당시 체육 교사가 사고 현장에 있었고, 테니스는 안전사고가 일어날 가능성이 있는 운동이기 때문에, 교사에게 사고가 일어나지 않게 주의를 기울여야 할 의무가 있다고 본 것입니다.

반면, 사례B의 경우 1교시 수업이 시

* 수업 직후의 휴식 시간은 다음 수업을 위하여 잠시 쉬거나 수업의 정리, 준비 등을 하는 시간으로서 교육활동과 질적·시간상으로 밀접 불가분의 관계에 있어, 그 시간 중의 교실 내에서의 학생의 행위에 대하여는 교사의 일반적 보호·감독 의무가 미친다(대법원 1997. 6. 13. 선고 96다 44433 판결).

** 서울중앙지방법원 2007. 6. 7 선고 2006가단198832 판결

작되기 전이었으므로 교사가 교실에 없었습니다. 이때 한 학생이 다른 학생에게 실과 수업의 준비물이었던 아크릴판을 던진 것입니다. 판례는 "초등학교 6학년 정도라면, 대체로 학교생활에 적응하여 상당한 정도의 자율 능력, 분별 능력을 가지고 있다고 보아야 할 것이고, 가해자의 성격도 친구들과 잘 사귀고 책임감이 강한 학생이었으며 피해자와도 원만한 사이였고, 이전에는 교실에서 학생들 사이에 아크릴판을 던지는 등의 장난 등은 없었던 경우, 특별한 사정이 없는 한 돌발적이거나 우연한 사고에 대해서까지 교사 등에게 보호·감독 의무 위반의 책임을 지울 수는 없다"고 판시했습니다.

당시 학생들이 평소보다 일찍 등교해서 교사가 없는 교실에서 장난을 치다 발생한 사고이고, 가해학생이나 피해학생에게 교사가 특별히 주의를 기울여야 할 사정이 없었기 때문에 교사에게 책임을 물을 수 없다고 본 것입니다.

3. 휴식 시간에 발생 가능한 사고를 예방하기 위해 유의해야 할 것: ① 평소 학생들에게 쉬는 시간과 점심시간에도 과도한 장난을 치지 않도록 안전지도를 하고, ② 특히 장난이 심한 요주의 학생에게는 별도의 주의를 주고 이를 기록해두는 게 좋습니다. 끝으로, ③ 평소 다툼이 있고 사이가 안 좋은 학생들은 별도로 지도하고, 자리를 띄어 앉게 하는 등의 주의를 기울이는 것이 좋습니다.

● 대법원 1997. 6. 27 선고 97다15258 판결

초등학교 영어 전담인 A선생님은 결근한 동료 교사를 대신해 3학년 학생들을 데리고 화재 대피 훈련을 진행했습니다. 화재경보가 울린 후 학생들을 줄 세워 천천히 운동장으로 이동시키던 중 ㄱ학생이 발을 헛디뎌 계단에서 넘어져 앞니가 깨졌습니다. A선생님은 즉시 ㄱ학생을 보건실로 데려가 보건 교사의 처치 후 병원으로 옮겼습니다.

ㄱ학생의 학부모는 A선생님에게 모든 책임을 묻겠다며, 나중에 치아 임플란트를 하게 될지도 모르니 그 비용까지 모두 물어내라고 엄포를 놓았습니다.

대처 학교안전공제회에 사고 접수를 하세요

1. 학교안전사고의 적절한 사후 조치는 무엇일까: 학교안전사고가 발생했을 때는 '학교안전공제회'에 사고 접수를 먼저 해야 합니다. 예전에는 관련 서류를 모두 구비해서 공제회에 공문 접수를 하는 등의 번거로움이 있었습니다만, 최근에는 PC나 스마트폰으로도 공제 급여를 청구할 수 있도록 간소화되었습니다.

학교안전공제회에 사고 접수를 해야 하는 이유는 다음과 같습니다.

첫째, 어지간한 사고는 학교안전공제회의 급여로 충분한 보상이 가능합니다. 학교안전공제회는 학교안전사고 및 학교폭력에 대한 보상도 해줍니다. 따라서 큰 사고가 아닌 한 학교안전공제 회에 사고 접수를 하는 것만으로 학교에서 할 일이 끝나는 경우 가 많습니다.

둘째, 이후 학교안전사고와 관련한 소송이 발생해도 교사와 학 교안전공제회가 '함께' 책임을 지게 됩니다. 따라서 학교안전사고 가 발생했을 때 일단 사고 접수를 해놓아야 향후 발생할지 모르 는 소송에서도 교사 개인이 책임져야 할 보상금의 액수가 줄어 들 수 있습니다.

2. 학부모가 교사 개인이 전액을 배상하라고 주장할 때의 대처: 자녀가 학교에서 사고를 당해 다치면, 감정이 많이 상한 학부모가 무조 건 교사 개인이 손해배상금 전액을 책임지라며 막무가내로 주장 하는 경우가 종종 있습니다. 학부모가 어떻게 주장하든 상관없 이, 일단 학교안전공제회에 사고 접수는 해두어야 합니다. 학부 모도 막상 소송에 대해 알아보면 비용이 더 들고 복잡해진다는 것을 알고 포기하곤 합니다.

또한 학부모가 교사 개인만을 상대로 소송을 제기한다 해도, 경과실만 있는 교사는[*] 학교안전공제회 에게 구상 청구를 할 수 있기 때문에 개 인이 지불해야 할 금액이 줄어들 수 있 습니다.

* 「학교안전사고 예방 및 보상에 관한 법률」 제44조 제1항 제1호에 따라 피공 제자(학교)의 고의 또는 중대한 과실로 인하여 발생한 안전사고의 경우 학교안 전공제회에 구상 청구하지 못합니다.

02

학교폭력 사건에 따른 손해배상

제가 교사로 근무하던 시절만 하더라도, 학생들끼리 다투면 교사의 훈육 정도로 마무리되는 경우가 많았습니다(당시에도 「학교폭력예방법」이 시행되고 있었으나 학부모뿐만 아니라 학교현장에서도 학교폭력대책자치위원회에 대한 인식이 널리 퍼지지 않았던 것 같습니다). 그러나 「학교폭력예방법」이 실시되고 학교폭력대책자치위원회 제도가 자리를 잡으면서 학교현장은 작은 경찰서, 또 하나의 법정이 되어버렸습니다. 「학교폭력예방법」의 취지는 학교폭력으로 고통받는 학생을 보호하고 가해학생을 훈육하기 위함인데, 막상 학교현장에서는 초등학교 1학년 학생들끼리 장난을 치다 다친 경우까지 모두 학교폭력으로 접수되고 학부모들 사이의 감정싸움은 소송으로까지 번지곤 합니다.

2020년 3월 1일부터 학교 단위의 학교폭력대책자치위원회 제도가 폐지되고 교육지원청에서 학교폭력대책심의위원회를 개최하여 해당 업무를 하는 것으로 바뀌었습니다. 하지만 학교폭력이 발생했을 때 기초 조사 및 학교폭력전담기구 운영은 여전히 일선 학교에서 담당해야 합니다.

학교폭력을 '민법'과 관련한 학교 분쟁으로 분류한 이유는, 학교폭력과 관련해 담임교사에게 민사소송을 제기하는 사례가 증가하고 있기 때문입니다. 학교폭력 자체는 행정법 또는 형법과 관련도가 높겠지만, 여기에서는 학교폭력의 기본적인 개념만 확인하고, 교사의 역할과 주의사항에 중심을 두고 설명하겠습니다.

학교폭력의 법적인 정의는 다음과 같습니다.

「학교폭력예방법」제2조는 '학교폭력'이란 "학교 내외에서 학생을 대상으로 발생한 상해, 폭행, 감금, 협박, 약취·유인, 명예훼손·모욕, 공갈, 강요·강제적인 심부름 및 성폭력, 따돌림, 사이버폭력, 정보통신망을 이용한 음란·폭력 정보 등에 의하여 신체·정신 또는 재산상의 피해를 수반하는 행위를 말한다"라고 규정하고 있습니다.

여기에서 밑줄 친 용어가 키워드입니다. 「학교폭력예방법」은 '학교 내외'에서 발생한 사건을 모두 학교폭력이라고 보기 때문에, 학교 안에서 발생한 사건만이 아니라 학원, 놀이터, 집 등 모든 장소에서 일어난 폭력 사건이 포함됩니다.

또한 학교폭력은 '학생을 대상'으로라고 피해자만 규제하고 있기 때문에 피해자가 학생이기만 하면 가해자는 학생이 아니어도 학교폭력으로 인정받습니다. 실제로 일반인 또는 교원이 가해자인 학교폭력도 인정되고 있습니다.

학교폭력의 '수단'은 상해, 폭행, 감금, 협박, 약취·유인, 명예훼손·모욕, 공갈, 강요·강제적인 심부름 및 성폭력, 따돌림, 사이버폭력, 정보통신망을 이용한 음란·폭력 정보 등입니다. 이 중 따돌림과 사이버 폭력을 제외한 다른 행위들은 일반 형법 및 특별법에 의한 범죄 행위로도 처벌받을 수 있습니다.

● 왜 교사가 타깃이 되는가   내 아이가 학교폭력을 당했다면 부모로서는 가슴이 찢어질 것 같은 고통을 느끼고, 지켜주지 못한 것에 대한 미안한 마음이 들 것입니다. 이런 마음이 '타인에 대한 원망'으로 발현되는 경우가 종종 발생하는데, 가장 쉬운 타깃이 담임교사입니다. "애가 이렇게 당할 때까지 선생은 뭘했나?" "선생이 왕따를 방조한 것은 아닌가?" 같은 온갖 원망이 쏟아지는 것입니다.

만약, 실제로 교사가 학교폭력을 인지하고도 방조했다면 그에 따른 책임을 지는 것이 마땅합니다. 다시 한 번 강조하지만, 이 책이 도움을 드리고자 하는 대상은 별다른 잘못 없이 억울한 소송에 시달리는 분들입니다.

집단 따돌림으로 인해 학생이 자살했을 때

사례A　초등학교 6학년 학생 ㄱ은 수개월에 걸쳐 같은 반 학생들로부터 이유 없이 폭행 등 괴롭힘을 당한 결과, 충격 후 스트레스 장애 등의 증상에 시달리다 결국 자살을 했습니다.

사례B　중학교 3학년 학생 ㄴ은 같은 반 친구 그룹과 학기 초부터 친하게 지냈습니다만, 어느 날부터 그룹에서 ㄴ을 배척하고 다시 끼워줬다 배척하기를 되풀이했습니다. 가해학생들은 ㄴ이 말을 걸어도 대답을 하지 않거나 놀리기도 했고, 다른 학생들에게 ㄴ과 함께 놀지 말라고 부추기기도 했습니다. 극심한 스트레스를 겪던 ㄴ은 하교 후 집에서 투신자살했습니다.

법원은 사례A에서는 담임교사의 손해배상 책임을 인정했고, 사례B에서는 담임교사의 손해배상 책임을 인정하지 않았습니다.

대처 피해학생의 호소에 적극적으로 대처하세요

1. 사례A와 사례B의 결론이 다른 이유는 무엇일까: 사례A에서 판례는 피해학생에 대한 가해학생들의 폭행이 대부분 학교에서 이루어졌고 수개월에 걸쳐 지속되었다는 데 주목했습니다. 담임교사가

학생들의 동향을 보다 면밀히 파악했더라면 사전에 예방할 수 있었으리라고 본 것입니다. 특히 담임교사가 가해학생들의 폭행이 적발된 후에도 피해학생 측의 격리 요청을 거절하고, 가해학생 측으로부터 반성문을 제출받고 재발 방지 약속을 받는 데 그치는 등 미온적으로 대처했고, 수학여행에서도 피해학생에게 특별한 주의를 기울였어야 함에도 특별교우관계에 있는 학생을 붙여주는 것 외에 별다른 조치를 취하지 않았습니다. 법원은 결과적으로 학생이 자살에 이르도록 원인 제공을 한 과실이 담임교사에게 있다고 보았습니다.[*]

반면, 사례B에서 담임교사는 피해학생이 학기 초에 가해학생(이전 학교에서 학교폭력을 이유로 전학 온 학생)과 급속히 가까워지자 이를 염려해 시간을 두고 천천히 사귈 것을 권했고, 피해학생과 자주 상담했습니다. 그렇지만 이때 피해학생이 주로 공부 문제에 관해서만 고민을 털어놓았을 뿐 교우관계의 어려움에 관해서는 이야기한 적이 없었습니다. 따라서 판례는 담임교사가 학생의 자살에 대한 예견 가능성이 있었다고 인정하기는 어렵다고 보았습니다.[**]

2. 학교폭력 사건이 발생하면 교사에게 어떤 책임을 물을까: 학교폭력

사건에서 교사에게 민사소송을 청구하는 측의 주장은 각각 다음과 같습니다.

[*] 대법원 2007. 4. 26 선고 2005다 24318 판결

[**] 대법원 2007. 11. 15 선고 2005다 16034 판결

▸ **가해학생 측** 학교폭력 담당 교사 및 담임 등이 자신의 자녀를 미워해서 일부러 불리한 진술을 작성했고, 그 때문에 자신의 자녀가 학교폭력 가해자가 되었다. → 민법 제750조에 따른 불법행위 책임이 있다.

▸ **피해학생 측** 자신의 자녀가 학교폭력을 당하고 있음에도 담임교사가 이를 방치하고 제대로 지도하지 않았으므로 가해자 측과 함께 공동불법 행위를 한 것이다. → 민법 제755조에 따른 감독자 책임이 있다.

위와 같은 가해학생 측의 주장은 실질적으로 인정되기 어렵습니다. 교사가 특정 학생을 이유 없이 학교폭력 가해자로 몰고 갈 확률도 매우 낮거니와 이를 입증하기도 어렵기 때문입니다.

위와 같은 피해학생 측의 주장은 법원에서 종종 받아들여집니다. 정도가 심한 학교폭력이 발생했음에도 교사가 관리·감독의 역할을 제대로 하지 못한 경우에 인정됩니다.

3. 학교폭력과 관련해 담임교사는 어떤 점을 주의해야 할까: 담임교사는 학생들의 표정, 행동을 면밀히 관찰하여 반에서 어떤 일이 일어나고 있는지 파악하는 것이 중요합니다. 만약 자신의 반에서 학교폭력 사건이 발생했다면 담임교사는 학교폭력전담기구에 바로 알려 기초 조사가 이루어질 수 있도록 하고, 교사도 자체적으로 학생들을 면담해서 이를 기록해두어야 합니다. 면담 기록

이 없다면, 위 사례B에서처럼 교사의 귀책사유가 없다는 것을 입증하기가 어려워지기 때문입니다.

또한, 평소 주의 깊게 학생들 간의 관계를 살펴 특별히 소외되는 학생이 있다면 유의하여 지도해야 합니다. 담임을 하다 보면 어떤 학생이 소외되고 있다는 것은 알아차리기 쉽습니다. 이때 막연히 다른 학생들에게 ○○와 함께 놀아주라고 요구하는 것은 역효과가 날 수 있으니, 소외당하는 학생과 성향이 비슷한 친구를 붙여주거나 해당 학생의 장점을 살려 칭찬해주는 방식 등으로 자연스럽게 학생들을 융합시키는 것이 좋습니다.

03

형사책임에 따른 손해배상

앞서 말씀드린 것처럼, 요즘 학부모들은 형사상 고소·고발을 제기할 뿐 아니라 그에 따른 민사소송을 함께 제기하는 경우가 늘고 있습니다. 형법상 죄가 되는 행위를 했다면, 민법 제750조에 따라 타인에게 불법 행위를 한 사실이 쉽게 인정됩니다. 따라서 형사책임이 먼저 인정된 후 민사소송을 제기하면 입증이 매우 쉬워져 승소 가능성이 높아집니다.

단순하게 생각할 때는 '죄가 있으면 손해배상을 하는 게 당연한 것 아닌가?'라고 볼 수 있습니다. 그러나 이번에 소개하는 것은 교사 입장에서는 다소 억울할 수 있는 사례들입니다.

기소유예를 받았지만 민사상 손해배상을 하게 될 때

사례A 초등학교 5학년 담임인 ㄱ선생님은 자신의 반 여학생이 학원 엘리베이터에서 중학생인 ㄴ에게 성추행을 당했다는 이야기를 듣고 너무도 화가 나고 속이 상했습니다. 이에 사실 조사를 하기 위해 ㄴ을 불러 이야기를 하던 중, ㄴ이 중학생이기도 하고 태도가 불량하기도 해 다소 거친 언행(욕설)으로 ㄴ을 다그쳐 진술을 받아냈습니다.

문제는, ㄴ이 이 모든 대화를 녹음했다는 것입니다(정황상 ㄴ은 일부러 불손한 태도로 ㄱ선생님의 화를 돋우고 이를 녹음한 것으로 보입니다). ㄴ의 부모는 이 녹음을 증거로 ㄱ선생님을 아동학대죄로 고소했고, 검찰은 앞뒤 정황을 고려하여 기소유예 처분을 내렸습니다.

ㄴ의 부모는 여기서 멈추지 않고 ㄱ선생님에게 2,000만 원 상당의 민사상 손해배상을 청구했습니다. 법원은 1심에서 110만 원의 손해배상을 인정했으나 이에 불복한 학부모가 항소하여 2심에서는 400만 원의 손해배상이 인정되었습니다.

사례B 초등학교 체육 전담인 ㄷ선생님은 밀린 업무 때문에 초과근무를 하고 있었습니다. 그런데 학교 뒤쪽에서 학생들이 소리치고 욕설하는 소리가 들려 서둘러 나가보았더니, 인근 중학교 학생으로 보이는 남학생들이 패를 나누어 싸우고 있었습니다. 얼른 싸움을 말려야겠다는 생각에, ㄷ선생님은 학생들의 팔을 잡아 꺾거나 발로 다리를 거는 방식으로 학생들을 제압했고, 이후 출동한 경찰에 의해 상황이 정리되었습니다.

이후 ㄷ선생님은 자신이 폭행 혐의로 고소되었다는 경찰서의 연락을 받고 황당함을 감출 수 없었습니다. 경찰에서는 ㄷ선생님의 행위가 정황상 이해하지 못할 것은 아니지만, 피해학생이 손목을 세게 잡혀 아프다는 진단서를 제출하고, 실제로 팔이 꺾이는 듯한 장면이 CCTV에 찍혔으므로 폭행이 된다고 말했습니다. 이후 ㄷ선생님은 검찰에서 최종적으로 기소유예 처분을 받았습니다.

매우 불쾌하고 기분이 나빴지만, 기소유예이기 때문에 그냥 잊고 넘어가기로 했던 ㄷ선생님은 법원에서 온 민사소송 소장을 받고 화가 치밀었습니다. 교사로서 학생들에게 더 큰 피해가 발생하는 것을 막았는데, 폭행죄에 민사소송이라니 도무지 납득할 수 없었습니다. 법원은 최종적으로 100만 원 정도의 손해배상액을 인정했습니다.

대처 정상을 참작할 만한 자료를 제출하세요

1. 기소유예는 죄를 인정하는 것일까: '기소유예'는 불기소 처분의 일종으로, 피의사실은 인정되지만 범행의 동기, 수단과 결과, 피해자와의 관계 등 양형의 조건을 참작하여 공소 제기를 할 필요가 없는 경우에 내리는 처분(검찰사건사무규칙 제69조 제3항 제1호)입니다. 쉽게 말해, 죄는 있지만 경미하여 굳이 처벌할 필요가 없다는 이유로 사건을 종결하는 것입니다.

따라서 기소유예도 '죄의 구성요건 자체'는 성립한 것이므로 '혐의 없음' 처분과는 다릅니다. 다만 기소유예는 전과 기록에는 남지 않고 수사경력 자료에만 기록되며, 이 또한 일정 기간이 지나면 삭제됩니다.* 그러나 공무원이 기소유예 처분을 받았다면, 일단 죄는 있었던 것이므로 징계 처분을 받게 되는 경우가 많습니다.

2. 기소유예 처분에 대해서도 다툴 수 있을까: 두 사례 모두에서 ㄱ선생님과 ㄷ선생님 모두 본인의 입장에서는 억울한 대목이 있습니다. 특히 ㄷ선생님의 사례에서는 수사기관이 너무 기계적인 판단을 했다고 생각됩니다.

수사기관의 처분이 언제나 옳은 것은 아니며, 상당 부분 법원의 판결에 의해 뒤집히기도 합니다. 기소유예 처분의 경우 헌법소원을 통해 그 취소를 청구할 수 있습니다. ㄷ선생님이 헌법소원을 청구했다면 기소유예 처분이 취소되었을 가능성도 있다고 생각했던 안타까운 사례입니다.

우리 법원은 ① 폭력 행위가 불법 부당한 폭력을 저지하기 위한 정의감 또는 의협심에 기인했다고 평가될 만한 뚜렷한 정상이 있거나, ② 쌍방폭력범죄 사건의 경우 어느 일방의 폭력 행위가 상대방의 도발에 대항하거나 부당한 행위를 저지하기 위한 경우와 같이 범행 동기와 경위 등에 현저히 참작할 만한 정상이 있을 때에는 그

● 수사기관의 보관 자료에는 남습니다.

러한 폭력 행위를 형법 제20조 소정의 '사회상규'에 위배되지 아
니하거나, 형법 제21조 소정의 '정당방위'에 해당된다고 판단하
여 범죄 행위로 인정하지 아니함으로써 법질서를 수호하고 건전
한 사회기풍을 진작하려는 시민의 용기를 법이 보호하여야 할
것*이라고 판단한 바 있습니다. 이러한 판례에 따르면 충분히 헌
법소원으로 다퉈볼 만한 사례가 아니었나 싶습니다.

3. 손해배상액이 과하다고 생각할 경우에는 어떻게 대처해야 할까: 기소
유예 처분 자체를 다투지 않는다 해도, 손해배상금액이 과하다
고 생각되는 경우도 있습니다. 개인적으로는 사례A에서 적정한
손해배상금액은 100만 원 이하였다고 생각합니다. ㄴ의 학부모
가 변호사를 선임하여 민사소송을 제기했기 때문에 ㄱ선생님께
서 적절히 대처하지 못한 면이 있습니다.

이와 같이, 형사범죄가 인정된 것은 사실이나 참작할 만한 사
정이 있을 때는 그 사정에 대한 풍부한 자료를 제출하는 게 좋
습니다. 예를 들어, 사례A에서는 성추행 피해 여학생의 진술서와
탄원서, 평소 ㄱ선생님이 열정적으로 학생들을 돌봤다는 동료
교사 및 학부모의 탄원서 등을 풍부하게 제출하는 것이 한 방법
이 됩니다.

● 헌재 2001. 5. 20. 2001헌마15, 공보
56, 503 참고

**4. 100만 원에서 200만 원 정도의 손해배상
금 청구를 받았다면, 변호사를 선임해야 할까:**

소액의 민사소송을 청구당한 선생님들 중에는 "돈이 얼마가 들더라도 변호사를 선임해서 대응하겠다"며 강경한 태도를 보이는 분들이 종종 있습니다.

그러나 저는 매번 실익을 잘 따져보라고 권유합니다. 상대방이 청구하는 배상액 전액이 인정되어도 변호사 선임 비용보다 쌀 경우, 굳이 변호사를 선임해야 할 필요성이 없다고 보기 때문입니다.

일단 본인이 재판에 참석하되, 법원에 제출하는 서면 자료를 교원단체 소속 변호사 등에게 검토받는 것이 효율적인 대응책이라고 생각합니다.

3장

교사가 당할 수 있는
행정쟁송

    민사소송, 형사소송이라고 하다가 갑자기 '행정쟁송'이라는 표현을 사용하는 이유가 의아하실 겁니다. 행정쟁송이란 '행정소송'과 '행정심판'을 아울러 표현하는 것으로, 실제로 행정에 관련된 분쟁은 법원에서 다투는 소송뿐만 아니라 행정심판에 대한 청구로 제기되는 경우가 많습니다.

    행정소송과 행정심판 모두 그 대상은 '행정청의 처분'입니다. 쉽게 설명하면 '행정청이 어떠한 행위를 하여, 국민의 권리·의무를 변동시키는 것'입니다. 예를 들어, 학교폭력 가해학생에게 교육장이 사회봉사 처분을 하면 학생에게는 사회봉사를 해야 할 의무가 발생합니다. 이때 학교폭력 가해학생에 대한 처분이 행정쟁송의 대상이 되는 것입니다.

    행정소송은 이러한 처분을 '법원'에 가서 다투는 것입니다. 민형사소송과 마찬가지로 판사가 행정처분이 적합했는지에 대한 판결을 하게 되지요. 반면, 행정심판은 행정청에 있는 '행정심판위원회'에서 처분의 적법성과 타당성을 다투는 것입니다.

행정쟁송의 경우 행정처분을 내린 처분청에 대해 제기하는 것이므로, 교사 개인을 상대로 하는 소송과는 차이가 있습니다. 그러나 그 쟁송 내용은 교사 개인과 밀접한 관련이 있기 때문에, 쟁송 결과에 따라 교사 개인의 권리·의무에 영향이 발생할 수 있고, 실질적으로 쟁송 자료를 교육청 변호사에게 제출하는 것도 담당 교사이기 때문에 어느 정도 행정쟁송에 대한 지식이 필요합니다. 특히 학부모들의 권리의식이 높아지면서 교사의 정당한 지도에 따른 학생 징계조차 행정쟁송으로 다투는 사례가 급증하고 있습니다. 만약 이런 소송에서 지게 된다면, 교사로서는 학생 지도의 원동력을 잃게 될 수밖에 없겠지요.

이 장에서는 학부모들이 행정쟁송을 제기하는 주요 사례를 소개하고, 그에 대한 적절한 대처 방법을 설명하고자 합니다.

01

학교폭력과 관련된 행정쟁송

1. 학교폭력 사건의 처리 절차는 어떻게 될까

학교폭력이 빈번해지고 그와 관련된 학부모들의 감정싸움이 격화되면서, 학교폭력 사건은 변호사들한테 새로운 시장이 되었습니다. 변호사협회에서 '학교폭력 전문 변호사' 인증까지 새로 만들 만큼 학교폭력 사건이 법정으로 오는 사례가 매우 많아진 것입니다.

2020년 3월 1일부터 학교 단위의 학교폭력대책자치위원회 제도가 폐지되고 교육지원청에서 학교폭력대책심의위원회를 개최하여 해당 업무를 하는 것으로 바뀌었습니다. 하지만 기초 조사에 대한 지원 및 학교폭력전담기구 운영은 여전히 일선 학교에서 담당해야 합니다. 학교폭력 사안이 발생했을 때의 처리 경로는 〈표 1〉과 같습니다. 2024학년도부터는 '학교폭력전담조사관'이 학교폭력 사건을 조사하는 것으로 제도가 개편되었습니다.

2. 학교폭력 사건의 불복 절차는 어떻게 될까

2019년 8월 20일 일부 개정되어 2020년 3월 1일부터 시행된 「학교폭력예방법」 이전에는 재심 제도가 있어 학교폭력 처분에 불만을 품은 측에서 재심 신청을 할 수 있었습니다. 그러나 현행법에서는 재심 제도가 사라지고 행정심판으로 일원화되었습니다. 따라서 학교폭력 처분에 불만을 품은 측은 (가해학생이든 피해학생이든) 그 처분에 대해 행정심판 또는 행정소송을 청구할 수 있습니다.

학교폭력 가해자로 인정된 학생은 「학교폭력예방법」 제17조 제1항 각 호의 처분을 받게 됩니다. 또한 이 처분에서 끝나는 것이 아니라 학교생활기록부에 기재될 수도 있기 때문에, 조금이라도 이를 경감하고자 심판을 제기하는 경우가 많습니다. 혹은 자신의 자녀가 가해자임을 인정하면서도 사건을 처리하는 과정에서 피해학생 측 학부모와 감정이 상해 오기로 소송까지 가는 가해학생의 보호자도 종종 있습니다.

피해학생 측은 역으로, 본인이 당한 것에 비해 가해자가 받은

| 표 1 | **학교폭력 발생 시의 처리 경로**

학교	학교폭력제로센터		학교
학교폭력 접수 및 초기 사실 확인	분석/조사관 배정	사안 조사	

접수/초기대응 - 신고·접수대장 기록 - 피해·가해학생 상태 확인 - 최초 학생 작성 확인서 접수 - 접수 보고서 작성 - 학교장 보고 - 보호자 및 해당 학교 통보 **분리/긴급조치**(필요 시) - 피해·가해학생 분리 - 피해학생 긴급조치 - 가해학생 긴급조치 **교육(지원)청 보고** (사안 접수 보고서) - 신고 개요 - 피해·가해학생 상태 - 분리 및 긴급조치 여부	접수 보고 →	**접수 내용 분석** - 조사의 긴급성 - 다문화·장애 여부 - 관련 학교 - 학생의 연령 등 **조사관 배정** - 학교 방문일 확인 - 배정 적합성 검토 (저학년, 성별 등) - 배정 인원 (1명 또는 2명 이상)	**학교 방문** - 피해·가해학생 및 학부모 면담 - 추가 학생 작성 확인서 접수 - 목격자 면담 (학생, 담임교사 등) - 증거 자료 인수 **전문가 의견 청취** (필요 시) - 의사, 변호사, 특수교육 상담 전문가 등 **보고서 작성** (사안 조사 보고서) - 사안 개요, 경위 **조사 결과 보고** - 전담기구, 제로센터	조사 결과 보고 →	전담 기구 심의

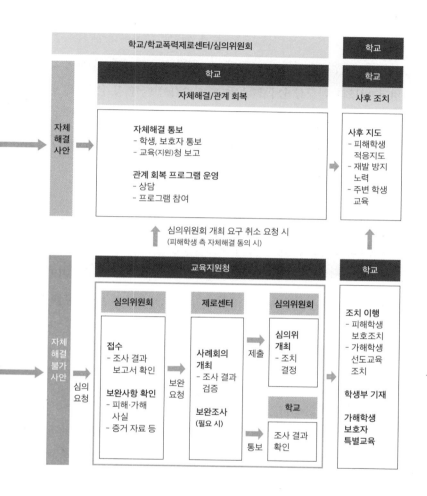

처분이 너무 가볍다며 행정심판을 청구합니다.

행정심판은 행정청 내부에 구성된 행정심판위원회에서 결정하는데, 행정심판위원회의 결정을 '재결'이라 합니다. 교육청의 경우 별도의 행정심판기구를 두고 있는데, 예컨대 경기도교육청 행정심판위원회 등이 있습니다. 행정심판은 법원에 제기하는 것이 아니기 때문에 비용 부담이 없고, 법원의 판결에 비해 빠른 재결이 이루어진다는 장점이 있습니다.

3. 학교폭력 사건에서 당사자들이 주로 다투는 것을 무엇일까

학교폭력과 관련하여 행정심판에서 주로 다루는 쟁점들은 다음과 같습니다.

1) 절차적 하자

개정 이전의 「학교폭력예방법」하에서는 각급 학교에서 자체적으로 학교폭력대책자치위원회를 구성하여 처분 내용을 심의했기 때문에, 자치위원 선발 과정 등에서 절차적 하자가 많이 발생할 수밖에 없는 구조였습니다. 그래서 법원에서 절차적 하자로 인해 처분을 취소하도록 판단하는 사례가 매우 많았습니다. 그러나 이제는 교육지원청에서 학교폭력대책심의위원회를 개최하기 때문에 예전처럼 절차적 하자가 발생할 가능성은 매우 낮아졌습니다.

2) 내용상 하자

내용상의 하자를 주장하는 것은 일반 형사 사건에서 변호인이 변론하는 논리와 거의 흡사합니다. ① 범죄를 저지른 적이 없다, ② 사실관계에 오해가 있다, ③ 법리적으로 그 행위가 범죄에 해당하지 않는다는 등의 논리입니다. 각각의 논리에 대해 살펴보겠습니다.

- **학교폭력을 한 적이 없음** 피해학생의 증언만 있고, 목격자나 기타 증거가 없는 사건에서 가해학생이 학교폭력 사실을 부인하는 경우가 있습니다. 이때 학교폭력대책심의위원회에서도 별도의 증거 없이 가해 사실을 인정할 수는 없기 때문에 이 주장이 받아들여지는 경우가 있습니다.
- **사실관계가 왜곡됨** 학교폭력으로 보이는 사건이 발생한 것은 사실이지만 그 사실관계가 피해학생 측에서 주장하는 것과는 다르다는 논리를 펼칠 수 있습니다. 예를 들면 피해학생 측은 가해학생이 일방적으로 폭행을 행사한 것처럼 주장하고 있으나, 사실은 두 학생이 서로 장난을 치다가 실수로 다치게 한 상황이 있을 수 있습니다.
- **법리적으로 학교폭력에 해당하지 않음** 과거 학교 단위 학교폭력

대책자치위원회에서는 다소 비전문적인 판단을 하여 학교폭력이 아닌 사건을 학교폭력으로 인정한 사례들이 종종 있었습니다. 예를 들면, 학생들끼리 장난을 치다가 발생한 사고의 경우에도 피해학생이 다쳤으므로 학교폭력이라고 인정한 것, 단순히 같이 놀아주지 않은 것을 따돌림이라고 판단한 것을 들 수 있습니다.

3) 처분 과중

잘못한 것은 맞지만, 죄에 비해 벌이 너무 지나치다며 행정심판을 청구하는 경우입니다. 여기에도 두 가지가 있습니다.

• 잘못에 비해 지나치게 과중한 징계를 받음 학교폭력 가해학생 측이 가장 많이 주장하는 것이 바로 '설사 자신이 잘못했다고 하더라도 잘못한 정도에 비해 처분이 과도하다'는 것입니다. 학교폭력 가해학생에 대한 처분은 〈표 2〉와 같은 기준에 따라 이루어지는데, 이 기준에서 현저하게 벗어나는 처분은 위법·부당하다고 볼 여지가 있습니다.

• 나이와 학령에 비해 지나치게 과중한 처분임 학교폭력 처분은 초등학교에서부터 고등학교까지 다양한 학령에 걸쳐 발생하기 때문에 나이에 비해 처분이 과하다는 주장을 할 수 있습니다. 특히 초등학교 저학년의 경우, 동일한 폭행 사건이라 하더라도 중·고등학생에 비해서는 가벼운 처분을 하는 경향

| 표 2 | **학교폭력 가해학생 조치별 적용 세부 기준**

			기본 판단요소					부가적 판단요소	
			학교 폭력의 심각성	학교 폭력의 지속성	학교 폭력의 고의성	가해 학생의 반성 정도	화해 정도	해당 조치로 인한 가해학생의 선도 가능성	피해학생이 장애학생인지 여부
판정 점수		4점	매우 높음	매우 높음	매우 높음	없음	없음	해당 점수에 따른 조치에도 불구하고 가해학생의 선도 가능성 및 피해학생의 보호를 고려하여 시행령 제14조 제5항에 따라 학교폭력대책심의 위원회 출석위원 과반수의 찬성으로 가해학생에 대한 조치를 가중 또는 경감할 수 있음	피해학생이 장애학생인 경우 가해학생에 대한 조치를 가중할 수 있음
		3점	높음	높음	높음	높음	낮음		
		2점	보통	보통	보통	보통	보통		
		1점	낮음	낮음	낮음	높음	높음		
		0점	없음	없음	없음	매우 높음	매우 높음		
가해학생에 대한 조치	교내 선도	1호	피해학생에 대한 서면사과	1~3점					
		2호	피해학생 및 신고·고발 학생에 대한 접촉, 협박 및 보복 행위의 금지	피해학생 및 신고·고발 학생의 보호에 필요하다고 학교폭력대책심의위원회가 의결할 경우					
		3호	학교에서의 봉사	4~6점					
	외부 기관 연계 선도	4호	사회봉사	7~9점					
		5호	학내외 전문가에 의한 특별 교육 이수 또는 심리치료	가해학생 선도·교육에 필요하다고 학교폭력대책심의위원회가 의결할 경우					
	교육 환경 변화	교 내	6호	출석 정지	10~12점				
			7호	학급 교체	13~15점				
		교 외	8호	전학	16~20점				
			9호	퇴학 처분	16~20점				

이 있고, 어지간해서는 학교의 지도 범위를 벗어나는 사회봉사 등의 처분은 내리지 않는 경향이 있습니다.

• **왜 학교가 타깃이 되는가** 일반적으로 행정처분을 할 수 있는 행정청은 구청 이상의 규모입니다. 구청, 시청, 도청, 중앙정부 부처의 장 등이 각종 행정처분을 하지요. 그러나 전국 곳곳에 있는 초·중·고등학교의 장은 각자 행정처분을 할 수 있는 위치에 있습니다. 사실 학교처럼 작은 단위 기관에서 행정처분을 하는 경우는 거의 없습니다.

그렇다 보니, 학교에서 행정처분을 할 때 절차적 하자가 발생하는 경우도 많고, 적절하지 못한 처분을 하는 경우도 종종 발생합니다. 또한 처분의 상대방인 학생 측에서도 교육부 등 정부 부처 장의 행정처분과는 달리 학교와는 '다퉈볼 만하다'고 생각하는 경우가 많기 때문으로 보입니다.

절차적 하자를 이유로 처분이 취소된 사례

A초등학교 1학년 학생 ㄱ과 ㄴ은 같은 반입니다. ㄴ은 ㄱ의 뒷자리에 앉은 학생으로 평소 아옹다옹하는 일이 잦았습니다. 2019년 5월 1일 1교시를 마친 쉬는 시간에, ㄴ은 ㄱ의 휴대폰을 만져보자고 했고 ㄱ이 이를 거절하며 약간의 언쟁이 있었습니다. 이후 2교시 수업 도중 ㄴ은 들고 있던 연필로 갑자기 ㄱ의 목덜미를 그었고, ㄱ의 목덜미에는 생채기가 났습니다.

ㄱ의 보호자는 이 사건의 재발 방지 약속과 사과를 받고자 학교 측에 이 사건을 학교폭력으로 처리해줄 것을 요청했습니다. 학교폭력대책자치위원회*에 출석한 ㄴ 측은 평소 ㄱ도 ㄴ의 딱밤을 때리고 별명을 불렀다며 ㄱ의 행위도 함께 학교폭력으로 처리해달라고 요청했습니다.

이후 개최된 학교폭력대책자치위원회는 ㄱ, ㄴ 쌍방의 학교폭력을 인정해 두 학생 모두에게 1호 서면사과 처분을 하도록 의결했고, A초등학교장은 이대로 처분을 내렸습니다.

ㄱ의 보호자는 자신의 자녀가 피해자인 학교폭력대책자치위원회인 줄 알고 참석했다가 쌍방이 학교폭력 가해자가 된 처분을 수긍할 수 없다며, 즉시 법원에 행정소송을 제기했습니다.

● 이 사건은 현행 「학교폭력예방법」으로 개정되기 이전에 발생한 것이어서, '학교폭력대책심의위원회'가 아닌 '학교폭력대책자치위원회'에서 사건을 심의했습니다.

대처 **다시 절차를 갖추어 처분하세요**

1. 위 학교폭력 처분의 문제는 무엇일까: 행정청의 처분은 적법한 절차에 따라 이루어져야 합니다. 「학교폭력예방법」은 학교폭력대책심의위원회에서 가해학생에 대한 처분 이전에 가해학생 및 보호자에게 의견을 진술할 기회를 부여하는 등 적정한 절차를 거치도록 규정하고 있습니다(「학교폭력예방법」 제17조 제5항). 「학교폭력예방법」이 이와 같은 의견 진술의 기회를 부여하는 취지는, 당사자에게 변명 및 자료 제출의 기회를 줌으로써 가해학생 측의 방어권을 보장하기 위해서입니다.

따라서 학교폭력대책자치위원회 회의를 개최하기 전에 미리 가해학생 및 보호자에게 처분하려는 원인이 되는 구체적인 사실(학교폭력의 일시, 장소, 행위 내용이 특정된 사실)을 통지해야 합니다.

위 사례에서 ㄱ 측은 자신이 가해자가 되는 학교폭력 사건을 심의한다는 사실을 모른 채 자치위원회에 참석했기 때문에 방어권을 보장받지 못했다는 절차적 하자가 발생했습니다.

2. 절차적 하자를 이유로 처분이 취소되면 처분을 다시 할 수 있을까: 행정처분이 절차적 하자를 이유로 취소되었다면, 행정청은 다시 절차를 갖추어 재처분할 수 있습니다. 위 사례의 경우, A초등학교장은 ㄱ에게 구체적인 학교폭력대책자치위원회 안건을 알리고 다시 처분할 수 있습니다.

절차적 하자로 인한 행정처분 취소가 의미를 갖는 경우는 고 등학생이 졸업을 앞두고 있는 등의 상황이 있을 것입니다.

3. 처분이 취소되었을 때 학교나 교사에게 불이익이 있을까: 학교폭력과 관련해서 선생님들이 가장 많이 하시는 질문입니다. 학교폭력 처분이 법원에 의해 취소되면 담당 선생님께서 하얗게 질린 채 "이제 저는 어떻게 되는 건가요?"라고 물으십니다.

결론부터 말씀드리면, 행정청의 행정처분이 취소되었다고 해서 그것만으로 공무원 개인에게 불법 행위 책임이 발생하지는 않습니다.●

이미 감정이 상한 학부모들이 "담임교사를 가만두지 않겠다", "학교폭력 담당 교사에게도 책임을 묻겠다" 등의 협박성 발언을 하는 경우가 많고, 실제로 손해배상 소송을 제기하는 경우도 있습니다. 그러나 대부분의 경우는 분풀이성 소송에 불과하고, 법리적으로 성립하기 어려운 소송임을 모르고 하는 말에 불과합니다. (학교폭력 사건이 증가하면서, 변호사는 물론이고 행정사, 법무사 등 여러 직종에서 영업 경쟁이 지나치게 과열된 경향이 있습니다. 패소가 분명한 소송도 달콤한 꼬임으로 일단 수임하는 경우도 많으니 소비자들의 현명한 판단이 필요할 것입니다.)

● "어떠한 행정처분이 항고소송에서 취소되었다 할지라도 그 기판력에 의하여 당해 행정처분이 곧바로 공무원의 고의 또는 과실로 인한 것으로서 불법 행위를 구성한다고 단정할 수는 없는 것이다"(대법원 2003. 11. 27. 선고 2001다33789 판결). 이때 '기판력'이란 법원의 판결이 확정되면 이후 동일 사항이 문제 되는 경우에 당사자는 물론이고 법원까지 이전 판결과 모순되는 판단을 할 수 없도록 구속되는 힘을 말합니다.

내용상 하자를 이유로 처분이 취소된 사례

B초등학교에 다니는 5학년 ㄱ은 평소 눈치 없이 다른 친구들이 싫어할 만한 장난을 치는 학생이었습니다. 어느 날 하굣길에 ㄱ은 ㄴ에게 "너 얼굴에 뭐 묻었다"라고 말한 뒤 도망갔고, 이에 화가 난 ㄴ이 들고 있던 금속 실로폰을 ㄱ의 얼굴에 던지는 바람에 다친 ㄱ은 봉합수술을 받아야만 했습니다.

ㄱ의 보호자는 ㄴ을 학교폭력으로 신고했고, ㄴ의 보호자는 "제발 생활기록부에 기록만 안 남게 해달라"며 사과하는 메시지를 보냈습니다.

그러나 ㄱ 측이 합의 의사를 보이지 않자 ㄴ 측은 전략을 바꾸어 ㄱ도 학교폭력을 한 적이 있다고 주장했습니다. ㄴ의 보호자가 ㄴ과 친한 친구들의 진술서를 받아서, 평소 ㄱ이 ㄴ을 자주 놀렸고 등을 때리고 도망가는 등의 장난을 쳤으므로 ㄱ도 학교폭력의 가해자 처분을 받아야 한다고 주장한 것입니다.

학교폭력대책자치위원회는 ㄴ 측의 주장을 받아들여 두 학생 모두의 학교폭력을 인정했습니다. 이에 따라 B초등학교장은 ㄴ에게는 교내봉사 5일의 처분을, ㄱ에게는 서면사과 및 보복 행위 금지 처분을 내렸습니다.

ㄱ 측은 위 처분이 위법하다며 행정소송을 제기했고, 법원은 ㄱ의 행위는 학교폭력으로 볼 수 없다며 ㄱ에 대한 처분을 취소했습니다.

대처 학교폭력 여부가 모호할 땐 섣불리 판단하지 말고 사실관계만 조사하세요

1. 법원은 왜 ㄱ의 행위가 학교폭력이 아니라고 보았을까: ㄱ과 같이 다른 학생을 놀리거나 등을 치고 도망가는 등의 행동은 경우에 따라 충분히 학교폭력으로 인정될 수 있습니다. 그러나 위 사례에서는 ㄴ이 ㄱ의 얼굴에 실로폰을 던지기 전까지 ㄱ과 ㄴ은 서로 놀리거나 등을 치는 등의 행동을 하며 놀았고, 이를 문제 삼은 적이 없었습니다.

법원은 일상적인 학교생활 중에 일어난 어떤 행위가 「학교폭력예방법」에서 말하는 학교폭력의 개념에 해당하는지 여부는 그 발생 경위와 상황, 행위의 정도 등을 신중하게 살펴 판단해야 한다며, ㄴ 측이 문제 삼은 ㄱ의 행위는 전후 사정을 살펴봤을 때 피해자가 심리적 고통을 느끼는 정도에 이르렀다고 단정할 수 없다고 보았습니다. 또한, ㄴ 측이 제시한 설문조사만으로 ㄱ이 학교폭력을 했다고 입증하기는 어렵다고 판단했습니다.

2. 학교폭력에 대한 처분이 내용상 하자를 이유로 취소되면 재처분을 할수 있을까: 법원의 취소 판결은 기속력°이 있기 때문에 행정청은 법원의 취소 판결에 구속되며, 이와 다른 처분을 내릴 수 없습니다.

° 기속력이란 소송 당사자인 행정청과 관계 행정청에게 확정 판결의 취지에 따라 행동하여야 할 의무를 지우는 효력입니다. 즉 법원의 판결대로 처분을 해야한다는 것입니다.

그렇다면, 절차적 하자로 인한 처분은 어떻게 재처분할 수 있는 것일까요? '취소 판결 기속력의 객관적 범위' 때문인데, 쉽게 설명하면, 법원이 위법하다고 인정한 범위에 대해서만 취소 판결의 기속력이 미치기 때문입니다. 즉 법원이 "절차적 하자가 있어 위법하다"고 판단했다면, 다시 절차를 갖추면 됩니다. 그런데 위 사례처럼 법원이 "학교폭력이 아닌데 학교폭력으로 본 내용상의 하자가 있다"고 판단했다면, 이 점을 보완해서 다시 처분할 수는 없습니다.

3. 학교폭력인지 아닌지 판단하기 모호할 때 교사는 어떻게 해야 할까: 위 사례와 같이 학교폭력인지 아닌지에 대한 의견이 분분할 경우, 최종 결정은 법원이 하는 것입니다. 선생님들께서는 어떤 사안이 '학교폭력이 된다, 안 된다'를 섣불리 말씀하지 않는 것이 좋습니다. 가해학생 측은 가해학생 측대로, 피해학생 측은 피해학생 측대로 선생님을 원망하게 되기 때문입니다.

담임교사라면 양측의 감정을 모두 달래주면서 기초적인 사실관계만 파악해두시면 됩니다.

02

학생의 불이익을 피하기 위한 행정쟁송

학교는 생각보다 많은 행정처분을 하는 기관입니다. 학생을 징계할 수도 있고, 정보공개 청구에 대한 공개 여부를 결정할 수도 있으며, 학교생활기록부를 작성하고 정정할 수 있는 권한도 있습니다. 그러다 보니 학생과 학부모는 학교의 행정처분에 대한 불만을 갖기 쉽습니다.

앞서 행정청의 처분은 '행정심판'과 '행정소송'으로 다툴 수 있으며, 행정심판은 비용이 들지 않는 장점이 있다고 말씀드렸습니다. 학교 관련 행정처분의 경우 중앙행정심판위원회가 아닌 각 교육청 산하에 설치된 행정심판위원회(예를 들어, 경기도교육청 행정심판위원회)에서 재결을 하기 때문에, 일반적인 행정심판보다 더 신속하게 처리되는 장점이 있습니다.

학생 징계와 관련된 행정쟁송
학교의 대처가 미비해 학생 징계를 제대로 할 수 없었던 사례

경기도 신도시의 A고등학교 선생님들은 수업 중 휴대폰을 사용하고 야한 농담을 하는 3학년 학생 ㄱ 때문에 수업 진행이 너무 힘들었습니다. 심지어 담임선생님이 진행하는 수업에서는 큰 소리로 웃으며 수업과 관계없는 이야기를 하여 다른 학생들을 방해하기도 했습니다. A고등학교는 ㄱ을 학생선도위원회에 회부하여 교내봉사 3일의 징계처분을 내렸습니다.

그러자 ㄱ의 보호자는 변호사를 통해 학교에 내용증명을 발송했습니다. "현재 행정심판을 청구한 상태이니, 징계의 집행을 정지하지 않으면 나중에 학교장과 담당 교사가 손해배상을 해야 할 것이다"라는 내용이었습니다. 학교 측에서는 이 내용증명에 따라 일단 행정심판 결과가 나올 때까지 징계의 집행을 미루기로 결정했습니다.

그러자 기고만장해진 ㄱ은 수업 시간에 "우리 엄마가 나 징계 안 받게 해준댔다, 어차피 또 징계해도 소송하면 된다"라며 교사들을 비웃기 시작했습니다. 더 이상 지도가 어렵다고 판단한 A고등학교장은 외부 변호사와 상담하여 학교에서 행정심판 재결이 날 때까지 징계를 기다려줄 필요가 없다는 것을 알게 되었고, 다음 주에 징계를 집행하겠다는 알림을 통보했습니다.

ㄱ 측은 또다시 내용증명을 보냈습니다. 이번 내용증명은 행정소송을 제기했으며 집행 정지도 별도로 신청했으므로, 집행 정지 심리 기

일에 법원에 출석하라는 통지였습니다.

학교 측에서는 법원에 출석하여 억울함을 호소했지만, 법적 지식이 전혀 없기 때문에 상대방이 주장하는 집행 정지 요건에 적절한 반박을 하지 못했고 집행 정지가 인용되었습니다.

결국 ㄱ은 징계 집행이 정지된 상태에서 학교를 졸업하게 되었습니다.

대처 **징계를 진행하며 소송에 대비하세요**

1. 내용증명의 효력은 무엇일까: 내용증명은 발송인이 작성한 우편의 날짜 및 내용을 우체국이 증명하는 제도로, 발송인이 ~~한 내용의 우편을 특정일에 수신인에게 보냈음을 증명하는 용도로 쓰입니다. 내용증명을 보내기만 하면 일정한 법적 효과가 발생한다고 착각하여 자신의 생각을 내용증명으로 보내는 사람도 있는데, 법적 분쟁이 없는 상태에서는 아무런 의미가 없는 행위입니다.

내용증명이 의미를 가질 때는 이런 경우입니다. 예를 들어, 주택 임대차 계약의 경우 임대인이 임대차 기간이 끝나기 6개월 전부터 2개월 전까지 계약 갱신을 거절하지 않으면 임대차가 묵시적으로 갱신됩니다. 이때 임대인이 계약 갱신 거절의 의사표시를 했다는 증거를 남기는 가장 확실한 방법이 내용증명입니다. 나중에 임차인이 "몰랐다, 못 들었다"라고 발뺌할 수 없기 때문입니다.

그에 비하면, 위 사례에서 ㄱ의 변호사가 학교 측에 발송한 내용증명은 사실 아무런 의미가 없는 단순 협박용입니다. ㄱ 측이 행정심판을 청구했다면 행정심판위원회에서 학교 측에 출석통지서를 송달할 것이고, 징계의 집행을 정지하고 싶으면 집행 정지 신청을 하면 됩니다.

위 사례에서는 ㄱ 측의 변호사가 집행 정지가 기각될 것이라고 판단하고 집행 정지 신청을 따로 하지 않고 법리적인 지식이 없는 학교를 협박한 것에 불과합니다. 이와 같은 내용증명에는 대응할 필요가 없습니다.

2. 그렇다면, 징계를 계속 집행해도 될까: 물론입니다. 위 사례의 경우 변호사가 보낸 내용증명에 심리적 부담을 느낀 학교가 징계를 집행하지 않았고, 그로 인해 학생은 더욱 엇나간 행동을 했습니다.

많은 선생님들께서 "나중에 행정심판에서 징계가 취소되면 어떻게 하냐?"고 물으시는데, 설령 취소된다 해도 이미 집행한 징계를 되돌릴 방법은 없습니다. 또한 단순히 행정처분이 취소되었다고 해서 행정청이 손해배상 의무를 지는 것도 아닙니다. 우리 법원은 그에 대해 다음과 같이 판단했습니다.

어떠한 행정처분이 후에 항고소송에서 취소되었다고 할지라도 그 기판력에 의하여 당해 행정처분이 곧바로 공무원의 고의 또는 과실로 인한 것으로서 불법 행위를 구성한다고 단정할 수는 없는 것이고, 그 행정처분의 담당 공무원이 보통 일반의 공무원을 표준으로 하여 볼 때 객관적 주의 의무를 결하여 그 행정처분이 객관적 정당성을 상실하였다고 인정될 정도에 이른 경우에 「국가배상법」 제2조 소정의 국가배상 책임의 요건을 충족하였다고 봄이 상당할 것이며, 이때에 객관적 정당성을 상실하였는지 여부는 피침해 이익의 종류 및 성질, 침해 행위가 되는 행정처분의 태양 및 그 원인, 행정처분의 발동에 대한 피해자 측의 관여의 유무, 정도 및 손해의 정도 등 제반 사정을 종합하여 손해의 전보 책임을 국가 또는 지방자치단체에 부담시켜야 할 실질적인 이유가 있는지 여부에 의하여 판단하여야 한다.•

만약 학생 측이 행정심판이나 소송을 제기할 때마다 징계를 멈춰야 한다면, 짧게는 반년 길게는 1년이 넘어가는 쟁송 기간 동안 학교가 학생 지도에서 손을 놓고 있어야 한다는 말이 됩니다. 위 사례처럼 그사이 졸업이라도 하게 되면 징계는 아예 불가능해지겠죠.

3. 학교에서는 어떻게 대비해야 할까: 학교폭력 처분과 마찬가지로, 징계 처분을 받은 학생 측에서는 '① 자신은 징계를 받을 만한 행위를 한 바 없다, ② 설사 했다 하더라도 징계 처분은 과도

• 대법원 2000. 5. 12. 선고 99다70600 판결, 2004. 6. 11. 선고 2002다31018 판결 등 참고

하다'라는 주장을 합니다.

이로 인한 소송이 들어올 것에 대비하여 학교에서는 학생 징계의 근거가 되는 자료를 충실히 갖춰두는 것이 좋습니다. 예를 들어 사안 조사 보고서, 회의록, 목격자 진술 등이 있습니다.

자신의 자녀가 징계를 받을 만한 잘못을 했다는 사실을 알면서도 이런 소송을 제기하는 학부모도 당연히 있습니다. 주로 중학교 3학년이나 고등학교 3학년처럼 졸업을 앞둔 학생 측에서 이런 소송을 제기하는데요, 소송으로 시간을 끌어 징계 처분 내역이 학교생활기록부에 기재되지 않은 상태에서 졸업하기 위해서입니다.

위와 같은 이유로 징계를 피해 갈 수 있다면 징계의 교육적 목적을 달성할 수 없음은 물론, 부모의 재력에 따라 징계를 피해 갈 수 있는 여지를 남겨주는 것이 됩니다. 따라서 교육적 목적을 위해서라도 학교에서 꼼꼼하게 대응해야 한다고 생각합니다.

정보공개 청구와 관련된 행정쟁송 1
학교를 괴롭히기 위해 정보공개를 청구하는 사례

A중학교에는 유명한 학부모가 한 명 있습니다. 두 자녀를 모두 A중학교에 보내는 학부모 ㄱ씨는 학교에 불만이 있을 때마다 대규모의 정보공개를 요구해 학교를 괴롭힙니다. ㄱ씨는 교사 개인의 근무상황 내역, 출장 내역, 출장비 지급 내역 등 자신과 아무런 관련이 없는 온갖 정보의 공개를 요구합니다.

처음에 학교는, 「공공기관의 정보공개에 관한 법률」에 따라 비공개 사유가 없다면 정보공개를 해야 한다는 교육청 변호사의 말에 따라 군소리 없이 ㄱ씨가 요청하는 정보를 제공했습니다. 그러나 ㄱ씨의 요구는 점점 더 심해졌고, 정보공개 업무 담당자인 행정실 직원들이 야근을 하거나 주말 출근까지 하느라 고통을 받았습니다. 결국 A중학교장은 ㄱ씨의 계속된 정보공개 청구에 대해 거부 결정을 했고, ㄱ씨는 즉시 행정심판을 청구했습니다.

대처 정보공개에 따른 수수료를 선청구하세요

1. 청구권자와 관련 없는 정보공개 요청도 받아줘야 할까: 국민의 알 권리를 보장하기 위해 제정된 「공공기관의 정보공개에 관한 법률」(이하 「정보공개법」)에 따라 공공기관은 보유·관리하는 정보를 적

극적으로 공개하는 것이 원칙이며, 모든 국민은 정보공개를 청구할 권리를 가집니다.

따라서 「정보공개법」상 비공개 사유가 없는 정보는 청구권자에게 공개하는 것이 원칙입니다. 청구인과 정보의 관련성은 정보공개 여부를 결정하는 요건이 아닙니다.

2. 행정심판이 저렇게 쉽게 청구할 수 있는 걸까: 행정심판의 경우, 행정소송에 비해 청구인에게 유리한 점이 몇 가지 있습니다. 먼저 소송 비용이 전혀 들지 않습니다. 법원에 제기하는 소송의 경우 법원에 인지대, 송달료 등 소송 비용을 납부해야 하고, 변호사를 선임해야 하는 경우에는 변호사 비용도 듭니다.

또한, 요즘은 온라인 행정심판 제도가 잘되어 있어 컴퓨터 앞에 앉아 바로 행정심판을 청구할 수 있고, 상대방의 답변서도 모두 온라인으로 받아볼 수 있습니다.

끝으로, 소송에 비해 소요되는 시간이 적습니다. 「행정심판법」은 심판 청구를 받은 날로부터 60일 내에 재결*하도록 규정하고 있습니다. 물론 실제로는 기간을 직권 연장하여 수개월이 더 소요되는 경우가 많지만, 평균적으로는 소송보다 짧은 시간이 소요됩니다.

3. 위 사례와 같은 상황에서 학교는 어떻게 대
● 법원은 '판결', 행정심판위원회는 '재
결'을 합니다.
응해야 할까: 위 사례처럼 한꺼번에 많은

양의 정보를 청구하는 경우에는 비용을 정확하게 징수하는 것이 유일한 방법입니다. 「정보공개법」 시행령과 시행규칙에 따라 정보공개 시 발생하는 수수료는 청구인이 지불해야 합니다. 정보를 PDF 등의 전자파일 형태로 받으면 비용이 발생하지 않는다고 생각하는 사람들도 있는데, 「정보공개법」 시행규칙 별표에는 전자파일로 변환할 때도 수수료를 받도록 규정하고 있습니다 (http://law.go.kr/법령/정보공개법시행규칙 참고). 불필요한 정보를 청구할 때 수수료를 납부하도록 하면 청구를 취소하는 경우도 있으니, 미리 수수료를 계산하여 선先청구하는 것이 좋습니다.

또는, 정보공개 청구가 권리 남용에 해당한다는 이유로 정보공개 거부 처분을 하는 방법이 있는데요. 몇 차례 같은 정보를 청구했다고 해서 바로 권리 남용이 되는 것은 아닙니다. 판례는 다음과 같은 기준을 제시하고 있습니다. "실제로는 해당 정보를 취득 또는 활용할 의사가 전혀 없이 정보공개 제도를 이용하여 사회통념상 용인될 수 없는 부당한 이득을 얻으려 하거나, 오로지 공공기관의 담당 공무원을 괴롭힐 목적으로 정보공개 청구를 하는 경우처럼 권리의 남용에 해당하는 것이 명백한 경우에는 정보공개 청구권의 행사를 허용하지 아니하는 것이 옳다." 따라서 민원인이 수차례 반복적인 정보공개를 청구했고, 요구사항을 들어주지 않을 때마다 정보공개 청구를 한 정황 증거(예를 들면 주고받은 문자메시지나 통화 녹음 등)를 잘 갖춰두어야 합니다.

● 인천지법 2015. 10. 29 선고 2015구합51228 판결

B초등학교 학생회장 선거에서 ㄴ이 최다 득표자가 되었습니다. 그런데 개표 이후 ㄴ이 규정에 어긋난 선거운동을 한 것이 드러났고, B초등학교 학생자치위원들은 자체 회의를 통해 학칙에 어긋난 선거운동을 한 ㄴ에게 주의를 준 후 재선거를 실시했습니다. 재선거에서는 ㄷ이 당선되었습니다.

ㄴ의 학부모는 자신의 아이가 학칙에 어긋난 선거운동을 한 것이 아니며, 학생자치회를 담당하는 ㄱ선생님이 학생자치위원들에게 입김을 넣어 자기 아이의 당선을 무효화시킨 것이라고 주장했습니다. ㄴ의 부모는 학생자치회의록을 확인해 교사의 책임을 묻겠다며, 학생자치회 회의록에 대해 정보공개 청구를 했습니다.

학교 측에서는 매우 난감했습니다. 학생들의 개인정보를 지운다 하더라도 ㄴ에 대한 평가가 담겨 있고, 특히 교사들이 ㄴ에 대해 발언한 내용도 있었기 때문입니다. 이 때문에 학교는 회의록에 대해 비공개 결정을 했고, ㄴ 측은 즉시 행정심판을 청구했습니다.

대처 원칙적인 답변만 하세요

1. 초등학생들의 회의록도 정보공개 대상일까: 「정보공개법」에서 정의

하는 '정보'란 "공공기관이 직무상 작성 또는 취득하여 관리하고 있는 문서(전자문서 포함)·도면·사진·필름·테이프·슬라이드 및 그 밖에 이에 준하는 매체 등에 기록된 사항"입니다. 따라서 문리 해석에 따르면, 공공기관인 초등학교가 직무상 작성 또는 취득하여 관리하고 있는 문서인 학생자치회 회의록 또한 정보공개의 대상이 되는 정보입니다.

2. 위와 같은 행정심판 청구에는 어떻게 대처해야 할까: 이 사안은 제가 직접 답변서 작성 등의 대응을 한 사례인데요. 저는 법리적으로 비공개 사유가 있어 회의록을 공개할 수 없다는 주장을 하는 것보다 '학생 보호'라는 특수성을 강조하는 것이 더 유리하다고 판단했습니다. 경기도 내 학교장을 상대로 행정심판을 청구하면, 경기도교육청 행정심판위원회가 그 심의를 담당하기 때문에 다른 공공기관의 행정심판위원회와는 달리 '학생 보호'에 민감하게 반응할 것이라 판단했기 때문입니다. 결론적으로 ㄴ 측의 행정심판 청구는 '기각'되었습니다.

3. 위 사례와 같은 상황에서 학교의 적절한 대응은 무엇일까: 사실 학교장을 상대로 행정심판을 청구할 정도면, 이미 그 밖의 모든 수단을 동원해서 학교를 괴롭혔을 확률이 높습니다. 실제로 위 사례에서 ㄴ 측은 교육청에 민원 넣기, 국가인권위원회에 인권 침해 진정 넣기, 기사 제보, 학교장에게 내용증명 보내기 등 할 수 있

는 거의 모든 일을 했습니다.

　이런 유의 민원인을 대할 때는 원론적이고 원칙적인 답변만 하는 것이 최선의 방법입니다. 괜히 이야기를 들어주겠다고 만나서 자세한 이야기를 하다가 말실수를 할 수도 있기 때문입니다. 민원인의 민원에 대한 공식적인 답변 외에는 간략한 답변(예를 들어 "현재 관련 사항은 인권위의 조사 중이므로 학교 측에서는 답변드리기 어렵습니다")만 하는 것을 추천합니다.

A고등학교 1학년 담임교사는 학생 ㄱ의 학교생활기록부 중 '행동특성 및 종합의견'란에 "자신의 생각이 확고하여 주변을 살피지 못하는 경향이 있음", "공감하는 능력이 부족한 편임" 등의 내용을 기재했습니다.

ㄱ 측은 학교 측에 위 기재 내용에 대한 정정을 요구했고, A고등학교는 학업성적관리위원회를 개최해 확인한 결과, 담임교사가 객관적 근거에 의하여 위와 같이 기재했다고 판단하여 ㄱ 측에 정정 거부 처분을 통지했습니다. 그러자 ㄱ 측은 담임교사가 제기한 근거는 허위·과장된 사실이고 편파적이며, ㄱ의 대학 입시에 악영향을 미칠 것이라는 이유로 행정소송을 제기했습니다.

법원은 담임교사가 특별히 악의적으로 이와 같이 기재했다고 보기 어렵고, 대학 입시에서 불이익을 입을 우려가 있다는 이유로 학교생활기록부에 대한 무분별한 정정을 허용하면 학교생활기록부의 신뢰도가 떨어질 것이라는 이유로 원고의 청구를 기각했습니다.

대처 나이스 누가기록 등 근거 자료를 남겨두세요

1. 학교생활기록부의 기재 내용도 행정소송의 대상이 될까: 앞서 행정소

송의 대상이 되는 것은 '처분성'이 있어야 한다고 설명한 바 있습니다. 처분성이란 행정청이 어떠한 행위를 하여 국민의 권리·의무에 변동이 생기는 것인데요. 그런데 교사가 단순히 학교생활기록부를 작성하는 것만으로 학생의 권리·의무에 변동이 생기는 것은 아닙니다. 그래서 학부모가 종종 법적 검토 없이 바로 학교생활기록부를 정정해달라고 소송을 냈다가 '각하'당하는 사례도 있습니다.

위 사례에서는 ㄱ 측이 학교에 '정정 요청'을 했고 학교가 이를 '거부하는 처분'을 했기 때문에, '정정 거부 처분'을 취소해달라는 행정소송을 할 수 있었던 것입니다(처분성에 대한 설명은 법리적으로 좀 복잡하므로 이쯤에서 마무리짓겠습니다).

2. 학교생활기록부 기재 내용을 정정해달라는 요청에는 어떻게 대처해야 할까: 일단 학교생활기록부를 작성할 때에는 「초·중등교육법」 제25조, 「초·중등교육법」 시행규칙 제21조 내지 제25조, '학교생활기록 작성 및 관리지침'(교육부훈령 제321호), '교육부 학교생활기록부 기재요령'을 준수해야 합니다. 간혹 관련 규정을 제대로 검토하지 않고, '복사해서 붙여 넣기' 식으로 학교생활기록부를 작성하는 교사들이 있는데, 매우 위험한 행동입니다.

또한 「초·중등교육법」 시행령 제24조는 학교에서 학업성적관리위원회를 설치·운영하도록 규정하고 있습니다. 이에 따라 학교생활기록부 내용에 정정이 필요한지를 검토하는 것은 학교장의

| 그림 3 | **나이스**NEIS **누가기록**

독단적 판단이 아닌 학업성적관리위원회의 논의를 통해 결정해
야 합니다.

 또한, 교사가 학교생활기록부에 작성하는 내용은 항상 '근거'
가 있어야 합니다. 근거가 없는 학교생활기록부 내용에 대해서
는 정정 청구가 인용될 가능성이 있기 때문에, 복사해서 붙여
넣기 식의 작성을 절대 하지 말라고 말씀드린 것입니다.

 이 '근거'는 여러 가지 형태가 있을 수 있겠지만, 저는 '나이스
NEIS 누가기록'을 활용하실 것을 권장합니다. 나이스NEIS 누가기록
은 교사가 1년에 걸쳐 학생을 관찰·평가했다는 사실을 입증할
가장 좋은 자료이기 때문입니다. 위 사례에서도 나이스NEIS 누가
기록에 ㄱ학생이 다른 학생과 갈등이 있거나 무례한 태도를 보

였던 상황이 모두 기록되어 있었던 것이 청구 기각에 큰 영향을 끼쳤습니다.

원래 누가기록을 통해 평소 생활태도를 기록하고 연말에 이를 종합하여 종합의견을 적는 것이 학교생활기록부 기재의 정석이지만, 연중 업무가 바쁘다 보니 바로 종합의견으로 넘어가는 경우가 많습니다(저도 교사 재직 때 그렇게 했습니다). 그러나 교사 스스로를 지키기 위해서라도 누가기록을 꼼꼼히 작성할 필요가 있습니다.

B고등학교 학생 ㄱ은 등교를 하기 위해 등교용 승합차를 기다렸으나, 승합차가 고장 나는 바람에 다른 승합차를 기다려 이용하여 약 10분 늦게 등교했고, 담임교사는 학교생활기록부 출결사항란에 '무단 지각'이라고 표기했습니다. 이에 ㄱ 측은 학교 측에 '무단 지각'을 '기타 지각'으로 시정하여 처리해줄 것을 신청했으나, 학교 측은 당시 '학교생활기록부 작성 및 관리지침'에 정한 기타 지각의 사유에 해당하지 않는다며 정정 신청을 거부하는 처분을 했습니다.

ㄱ 측은 이 처분에 대해 행정소송을 제기했고, 법원은 "등교용 승합차량의 우연한 고장으로 인하여 10분 정도 늦게 등교한 것에 불과하여 원고에게 나름 합당한 사유가 있다고 볼 수 있는 경우까지 무단 지각으로 처리한 이 사건 처분은 출결 상황과 관련한 학교생활기록부 작성에 있어 피고의 재량권의 한계를 벗어난 것으로서 위법하므로 취소되어야 한다"고 판시했습니다.

대처 관련 규정의 적용 여부가 불분명할 때는 상급기관에 문의해 유권해석을 받으세요

1. 법원이 학교생활기록부 정정을 받아들인 이유는 무엇일까: 판례는 학

교생활기록부가 대학 입시, 공무원 임용 등에 활용되어 헌법상 보장되는 교육을 받을 권리 및 공무담임권 등에 영향을 미치는 자료가 되므로, 학생의 권리관계와 밀접한 관련이 있다고 보았습니다.

개인적으로는 학생이 1회 무단 지각한 출결사항이 대학 입시나 기타 취업 등에 유의미한 영향을 미치는지에 대한 의문이 있습니다. 그러나 자녀의 대입을 앞둔 학부모들은 아무리 사소한 불이익이라도 원치 않는 경향이 있는 것으로 보입니다.

위 사례에서 학교 측이 고의로 ㄱ에게 불이익을 주고자 위법한 학교생활기록부를 작성한 것으로 보이지는 않습니다. 오히려 학교 측에서는 학교생활기록부의 공정성을 위해 관련 규정을 준수하려고 노력했는데, 교육부의 훈령이나 지침에 별도로 '기타 합당한 사유'에 대한 충분한 해설이 없었기 때문에, 학교가 임의로 판단하기 어려웠던 것 같습니다.

2. 관련 규정의 적용 여부가 불분명한 학교의 행정업무는 어떻게 처리해야 할까: 학교에서 업무 중 의문사항이 생기면 대부분 '작년에는 어떻게 처리했는지', '교장·교감선생님의 의견은 어떤지'에 따라 업무를 처리하는 경향이 있습니다. 저 또한 교사로 재직할 때 그렇게 일처리를 했고요.

그러나 '작년에 했던 방식'이 옳다는 보장은 없습니다. 작년의 행정 처리가 위법했다면, 그걸 답습한 올해 방식도 위법해질 뿐입니다. 교장·교감 등 관리자의 생각도 항상 정답은 아닙니다. 학교 관리자나 전문직을 선발할 때 행정법 등 법에 대한 지식은 전혀 고려요소가 아닙니다. 교감선생님이 A라는 방식으로 일처리를 했을 때 별 문제가 없었다고 해서 A라는 방식이 적법한 것은 아닙니다. 누가 문제 삼지 않았을 뿐인 거죠.

가장 좋은 방법은 유권해석을 할 수 있는 상급기관에 문의를 하는 것입니다. 이때 그저 전화로 답변을 받기보다는 문서로 답변을 받는 것이 좋습니다. 혹시라도 추후 분쟁이 생겼을 때 근거로 삼을 수 있기 때문입니다.

2부

교사는
두렵다

4장

학생으로부터 당하는 교권 침해

1부에서는 많은 선생님들이 억울하게 '당한다'고 느끼는 형사·민사소송에 대한 대처 방법을 알려드렸습니다. 일상적인 학생지도를 했을 뿐인데도, 아동학대 등의 혐의로 수사를 받거나 민사소송에 휘말려 큰 고통을 겪는 선생님이 많기 때문입니다.

이와 같은 소송까지는 아니더라도, 학교현장에서는 교사들을 고통스럽게 하는 일이 일상적으로 일어나고 있습니다. '교권 침해'입니다.

먼저 '교권'의 법적인 정의에 대해 잠시 살펴보겠습니다. 우리는 '교권을 보호해야 한다', '교권이 땅에 떨어졌다' 등의 표현을 자주 사용합니다. 그러나 엄밀히 말하면 '교권'은 법적인 용어가 아닙니다. 다만, 「교원의 지위 향상 및 교육활동 보호를 위한 특별법」(이하 「교원지위법」)이 있고, 이 법에서 '교육활동 침해 행위'에 대한 조치를 규정하고 있습니다. 즉, 법적으로는 '교권 침해'라기보다는 '교육활동 침해 행위'가 적절한 표현이 될 것입니다.

오늘날 교사들이 고통을 호소하는 교권 침해 행위는 단순히

'학생이 교사의 지도에 불응'하거나, '교사의 권위를 무시'하는 등의 행위들이 아닙니다. 안타깝게도, 형사범죄가 될 만한 행위를 하는 학생도 많이 있습니다.

이 장에서는 선생님들이 학생들로부터 당하는 교권 침해의 유형을 '형사범죄가 될 만한 행위'와 '범죄에는 이르지 않지만 빈번히 발생하는 행위'로 나누어 소개하고, 그 대처 방법을 설명하겠습니다.

학생이 교사에게 욕설을 할 때

초등학교 5학년 담임 유선정 선생님은 여느 때와 같이 종례를 하며, 내일 필요한 준비물을 설명하고 있었습니다. 그런데 난데없이 교실 뒤에서 "아이 씨×년, 말 존× 많네"라는 욕설이 들려왔습니다. 평소 말을 잘 듣지 않는 ㄱ의 목소리였습니다.

순간 머릿속이 하얘진 유선정 선생님은 '내가 잘못 들은 것인가?' '이걸 어떻게 해야 하지?'라는 생각에 아무것도 할 수 없었습니다. 결국 종례를 제대로 마무리하지도 못한 채 학생들을 귀가시켰습니다.

집으로 돌아가 겨우 마음을 안정시킨 유선정 선생님은, 이번 일을 그냥 넘기면 앞으로 학생 지도에 큰 어려움을 겪을 것 같아 이 일을 짚고 넘어가야겠다고 결심했습니다.

다음 날, ㄱ의 보호자에게 연락하여 자초지종을 설명한 유선정 선생님은 마치 벽에다 대고 말을 하는 것 같은 좌절감을 느꼈습니다. ㄱ의 보호자는 "우리 애가 그럴 리가 없다", "우리 애는 평소 절대 욕설을 하지 않는다"며 오히려 기분 나빠했습니다.

결국 유선정 선생님은 학교 측에 교권보호위원회를 열어달라고 요청했습니다. 그러나 교감은 교육청에서 만든 자료를 보여주며 '욕설'은 교권 침해에 해당하지 않아 교권보호위원회를 열 수 없다고 말했습니다.

더 이상 ㄱ을 마주할 자신이 없던 유선정 선생님은, 본인이 휴직을 하기로 결심했습니다. 교권 침해를 당한 피해자가 학교를 떠나게 된 것입니다.

대처 무엇이 교육활동 침해 행위인지 파악하세요

1. **학생이 교사에게 욕설을 한 것은 교권 침해일까**: 타인에게 욕설을 한 행위는 형법 제311조 모욕죄에 해당할 수 있습니다. 모욕죄가 되기 위해서는 ① 공연히, ② 경멸적 표현을 해야 합니다. 따라서 일대일로 대화를 하던 중 욕설을 한 경우 '① 공연성' 요건을 충족하지 못하여 형사범죄가 되지 않습니다. 위 사례에서는 학생 여러 명이 모여 있는 교실에서 욕설을 한 것이기 때문에 형법상 모욕죄가 될 수 있습니다.

교직원 연수를 할 때마다 선생님들이 가장 분노하는 포인트가 바로 모욕죄의 '공연성' 부분입니다. "어째서 일대일로 욕설을 한 것이 죄가 되지 않죠?"라며 화를 내는 분들이 많습니다. 이 부분은 이렇게 이해하시면 됩니다. 모욕죄가 처벌하고자 하는 것은 '상대방의 인격적 가치에 대한 사회적 평가를 저하할 만한 표현'을 하는 것입니다. 아무도 듣고 있지 않을 때 욕설을 한다고 해서 피해자의 사회적 평가가 저하되는 것은 아니지요.

이렇게 설명하면, 선생님들은 항상 이렇게 되묻습니다. "그럼 저도 욕해도 되는 건가요?" 안타깝게도 교사가 학생에게 욕설을 하는 것은 아동학대죄가 될 수 있고, 학부모에게 욕설을 하더라도 공무원의 품위유지 의무를 위반한 것으로 징계 사유가 될 수 있습니다.

2. 위 사건은 명백한 교권 침해인 것 같은데, 왜 보호받지 못했을까: 앞서 말씀드린 것처럼, '교권 침해'라는 말은 법적인 용어가 아닙니다. 다만, 「교원지위법」에 의해 '교육활동 침해 행위'를 규정하고 있는데, 위 사례에서 학생이 교사에게 욕설을 한 것은 명백한 교육활동 침해 행위입니다. 교감선생님이 제시한 교육청 제작 자료는 다음과 같은 사항을 파악하지 못한 점에서 오류라고 생각됩니다.

「교원지위법」 제19조는 다음과 같이 교육활동 침해 행위에 해당하는 행위들을 열거하고 있습니다.

「교원지위법」 제19조(교육활동 침해 행위)

이 법에서 "교육활동 침해행위"란 고등학교 이하 각급 학교에 소속된 학생 또는 그 보호자(친권자, 후견인 및 그 밖에 법률에 따라 학생을 부양할 의무가 있는 자를 말한다. 이하 같다) 등이 교육활동 중인 교원에 대하여 다음 각 호의 어느 하나에 해당하는 행위를 하는 것을 말한다.

1. 다음 각 목의 어느 하나에 해당하는 범죄 행위

    가. 형법 제2편 제8장(공무방해에 관한 죄), 제11장(무고의 죄), 제25장(상해와 폭행의 죄), 제30장(협박의 죄), 제33장(명예에 관한 죄), 제314조(업무방해) 또는 제42장(손괴의 죄)에 해당하는 범죄 행위

    나. 「성폭력범죄의 처벌 등에 관한 특례법」 제2조 제1항에 따른 성폭력범죄 행위

다. 「정보통신망 이용촉진 및 정보보호 등에 관한 법률」 제44조
    의 7 제1항에 따른 불법정보 유통 행위
라. 그 밖에 다른 법률에서 형사처벌 대상으로 규정한 범죄 행위
    로서 교원의 교육활동을 침해하는 행위

2. 교원의 교육활동을 부당하게 간섭하거나 제한하는 행위로서 다음
   각 목의 어느 하나에 해당하는 행위
   가. 목적이 정당하지 아니한 민원을 반복적으로 제기하는 행위
   나. 교원의 법적 의무가 아닌 일을 지속적으로 강요하는 행위
   다. 그 밖에 교육부장관이 정하여 고시하는 행위

문제는, 이 조항에 명백하게 '모욕의 죄'가 기재되어 있지는 않다는 것입니다. 아마도 이 때문에 교육청에서는 모욕죄가 교육활동 침해 행위가 아니라고 본 것 같습니다. 그러나 형법 제33장은 307조(명예훼손), 308조(사자 명예훼손), 309조(출판물 등에 의한 명예훼손), 311조(모욕)를 구성하고 있습니다. 즉 형법 제33장 안에 이미 여러 죄명이 포함되어 있는데, 법령을 읽을 줄 모르는 교육청 관계자가 이를 파악하지 못한 채 자료를 만든 것으로 보입니다.

위 사례는 제가 직접 다뤘습니다. 당시 학교 측에 "교권보호위원회를 개최하라"고 요구했는데, "교육청 자료에 모욕죄는 교권 침해가 아니라고 나오는데, 변호사님이 잘못 알고 있는 거 아니냐?"면서 교권보호위원회를 열어주지 않아 너무도 답답했던 기

억이 납니다. 다행히 2024년 3월 28일자로 학교 교권보호위원회가 교육지원청의 지역교권보호위원회로 개편되면서, 지금까지보다는 전문적인 판단이 가능해질 것으로 보입니다.

3. 위 사례와 같은 상황에서는 어떻게 교권보호위원회를 열 수 있을까:
「교원지위법」 제27조 제1항에는 '고등학교 이하 각급 학교의 장은 교육활동 침해 행위를 축소하거나 은폐해서는 아니 된다'는 조항이 있고, 같은 조 제3항에는 '학교의 장 또는 소속 교원이 그 경과 및 결과를 보고하면서 축소 또는 은폐를 시도한 경우에는 「교육공무원법」 제50조 및 「사립학교법」 제62조에 따른 징계위원회에 징계 의결을 요구하여야 한다'는 조항이 있습니다.

따라서 학교 관리자가 "선생님이 겪는 것은 교육활동 침해 행위가 아니다"라거나 "교권보호위원회 절차를 진행할 수 없다"라고 거부하는 경우 「교원지위법」 제27조에 따른 징계 사유가 될 수 있음을 고지하고, 절차를 진행해줄 것을 요구하시면 됩니다.

학생이 교사를 폭행했을 때

B중학교 2학년 담임인 민들레 선생님은 급식실에서 맨손으로 배식대에 놓인 음식을 집어 먹는 ㄱ학생에게 몇 차례 주의를 주었습니다. 그러나 ㄱ은 들은 척도 하지 않고 다시 새치기를 하여 맨손으로 샌드위치를 헤집어놓았습니다. 결국 민들레 선생님은 "거기 너! 그만하지 못해?"라고 말하며 ㄱ의 팔을 잡았습니다.

그 순간 ㄱ은 몸을 돌려 민들레 선생님을 발로 마구 차기 시작했습니다. 민들레 선생님은 전교생이 보고 있는 급식실에서 거구의 남학생에게 맞는 그 순간이 마치 몇 시간은 되는 것처럼 길게 느껴졌습니다. 결국 남성 교사들이 와서 말릴 때까지 속절없이 맞고 있어야 했고, 조퇴해 집에 돌아갈 때까지 아픔조차 느끼지 못하는 멍한 상태였습니다.

학교에서는 교권보호위원회를 개최하여 ㄱ에게 출석 정지 조치를 결정했으나, ㄱ 측은 오히려 민들레 선생님이 ㄱ의 팔을 먼저 잡았으므로 쌍방폭행이라고 주장했습니다. 심지어 ㄱ의 어머니는 ㄱ이 우울증을 앓고 있는 아이인데, 이번 일 때문에 자살이라도 하게 되면 학교가 책임질 거냐며 큰소리를 냈습니다. 물론 사과도 받지 못했습니다.

결국 교사가 학생에게 일방적인 폭행을 당했음에도 사과도 받지 못한 채 학교에서 같이 생활해야 하는 상황이 벌어진 것입니다. 아무리 마음을 다잡아도 자신을 때린 ㄱ과 같은 학교에서 근무할 자신이 없었던 민들레 선생님은 본인이 다른 학교로 내신을 내기로 결정했습니다. 기세가 등등해진 ㄱ은 "나는 선생을 때려도 처벌받지 않는다"며 다른 교사들의 수업까지 방해했습니다.

대처 민사소송과 학교장 통고제를 활용하세요

1. 위와 같은 상황에서는 어떻게 대처해야 할까: 잘 알려지지 않아서 그렇지, 학생에게 폭행을 당하는 교사는 의외로 많습니다. 피해를 당한 선생님들께서 밖으로 알려지길 원치 않아 유야무야 본인이 병휴직하는 것으로 끝내는 사례가 많지요.

그러나 저는 학생을 위해서라도 폭행 사건을 그냥 넘어가서는 안 된다고 생각합니다. 학교에서 교사를 폭행해도 무사했던 경험을 한 학생이 사회에 나가면 과연 어떤 성인이 될까요?

위 사례와 같이 학생 측으로부터 제대로 사과도 받지 못한 경우라면, 민사소송과 형사고소 또는 학교장 통고제를 적극 활용할 것을 추천합니다. 금전적 보상을 위해 민사소송을 하라고 말씀드리는 것이 아닙니다. 교사를 폭행하고 사과조차 하지 않을 정도의 상식 밖의 사람들도, 수천만 원의 소송이 들어오면 그때서야 사과를 하기 때문입니다. 실제로 위 사례에서는 제가 소송을 대리하여 학생 측으로부터 위자료를 지급받고, 형식적으로나마 사과도 받았습니다.

또 한 가지 방법은 형사고소 또는 학교장 통고를 하는 것입니다. 형사고소와 학교장 통고는 장단점이 각기 있으므로 상황에 따라 적절한 수단을 선택하시면 됩니다.

2. 형사고소와 학교장 통고는 어떤 점이 다를까: 일반적으로 형사고소를 당하면 경찰서에서부터 수사를 받기 시작합니다. 만약 큰 잘못을 하고도 본인의 죄질이 얼마나 나쁜지 깨닫지 못하는 학생이 있다면, 저는 경찰 수사를 받는 경험을 하는 것이 교육적으로 나쁘지 않다고 생각합니다.

그런데 많은 선생님께서 교사로서 학생을 직접 고소하는 것을 부담스러워하십니다. 이럴 때는 교육감에게 '고발'해줄 것을 요청하는 것이 좋은 방법입니다. 현행 「교원지위법」은 관할청이 '교육활동 침해 행위가 관계 법률의 형사처벌 규정에 해당한다'고 판단하면 관할 수사기관에 고발할 수 있도록 규정하고 있습니다.

또한 '학교장 통고제'라는 제도도 있습니다(144쪽 〈예시 2〉 참고). 이는 「소년법」에서 인정되는 독특한 제도로, 학교장이 소년법원에 직접 소년보호 사건을 접수하는 제도입니다. 통고제를 사용하면 ① 수사기관의 수사를 거치지 않으므로 신속한 조치가 가능하며, ② 범죄 경력이나 수사 경력이 남지 않기 때문에 학생들에게 주홍글씨를 찍지 않아도 되는 장점이 있습니다.

교권 침해 사건이 발생했을 때, 자신이 가르치던 학생을 형사고소하는 것은 교사에게 매우 부담스러운 일이며, 실제로 형사고소를 하는 분은 거의 없습니다. 그럴 때 제가 추천하는 방법이 '학교장 통고'입니다. 수사기관에 기록이 남지 않아 학생의 장래에 영향을 미치지 않되, 잘못한 행동에 대한 교화와 교정을 할 수 있기 때문입니다.

3. 형사미성년자는 어차피 처벌을 안 받지 않을까: 위와 같은 사례에서 피해를 입은 선생님과 상담할 경우, 대부분 선생님께서는 "그런데 변호사님, 미성년자는 처벌을 받지 않지 않는데 제가 고소하는 게 의미가 있나요?"라는 질문을 종종 하십니다.

이는 형법상 형사미성년자와 「소년법」 적용 연령에 대한 혼동에서 발생하는 오해입니다. 우리 형법상 만 14세가 되지 않은 소년을 벌할 수 없는 것은 맞습니다. 그러므로 이들은 형사재판을 받지 않고, 형법상 범죄가 인정되지 않습니다. 그러나 「소년법」에서는 만 10세 이상에서 만 14세 미만까지의 소년을 '촉법소년'이라 하여 소년보호 재판의 대상으로 정하고 있습니다. 따라서 이들이 성인과 같은 재판을 받지 않더라도 보호 처분은 받을 수 있습니다. 위 사례에서 민들레 선생님이 ㄱ을 고소할 경우, 수사기관은 기본적인 조사를 거친 후 사건을 소년보호 재판으로 넘기게 됩니다.

4. 그 밖에 취할 수 있는 조치는 무엇일까: 교사가 업무를 하던 중 상해를 입게 되면, 공무원연금관리공단에 공무상 재해 신청을 할 수 있습니다. 민들레 선생님이 ㄱ의 폭행 때문에 부상을 당했다

면 공무상 재해 신청을 할 수 있는 것입니다. 그리하여 공무상 재해로 인정되면, 치료비를 공단에서 지급받고 공단이 가해자에게 구상 청구하게 됩니다. 또한, 공무상 재해로 인정되면 공무상 병가를 쓸 수 있는 장점이 있습니다. 일반 병가와 달리 공무상 병가는 급여 전액을 받을 수 있습니다.

통 고 서 (학교장용)

○○가정법원(지원) 소년부 귀중

통고인	학교장 성명	고길동			
	학교명				○○중학교
	전화번호(직장)		휴대전화		
	담당 교사 성명		전화번호		

위 통고인은 다음과 같이 보호 대상 소년을 발견하였으므로 소년법 제4조 제3항에 따라 귀 법원 소년부에 통고합니다.

소년	성명		주민등록번호	
	학년, 반			
	주소			
	전화번호			
소년의 보호자	성명		소년과의 관계	
	주소			
	전화번호			

통 고 사 유

○ 통고하게 된 사유의 요지(□에 ∨ 표시)

□ 범죄를 저지름(14세 이상 19세 미만)	
□ 형벌 법령에 저촉되는 행위를 함(10세 이상 14세 미만)	
□ 형벌 법령에 저촉되는 행위를 할 우려가 있음	□ 집단적으로 몰려다니며 주위에 불안감을 조성하는 성벽(버릇)이 있음
	□ 정당한 이유 없이 가출함
	□ 술을 마시고 소란을 피우거나 유해 환경에 접촉하는 성벽(버릇)이 있음

○ 통고하게 된 사유의 상세(필요한 경우 별지 활용)

별지 참조

○ 해당 □에 ∨ 표시

1. 보호 대상 소년이 자신의 행위를 시인하고 있다.	□ 예 □ 부분 □ 아니오

2. 보호 대상 소년과 피해 소년 사이에 화해(사과, 금전적 배상 포함)가 이루어졌다.	□ 예 □ 아니오
3. 보호 대상 소년에 대하여 학교폭력대책심의위원회(이하 '심의위원회' 라고 한다)가 개최되었다.	□ 예 □ 아니오
3-1. 심의위원회가 개최되지 않았다면 그 이유 (피해자가 학생이 아닌 교사로 심의위원회가 아닌 교권보호위원회 및 학생생활교육위원회가 개최됨)	
4. 심의위원회에서 보호 대상 소년에 대한 조치가 이루어졌다.	□ 예 □ 아니오
4-1. 심의위원회에서 보호 대상 소년에게 취한 조치 피해 소년에 대한 서면 사과 피해 소년 및 신고·고발 소년에 대한 접촉, 협박 및 보복 행위의 금지 학교에서의 봉사 사회봉사 학내외 전문가에 의한 특별교육 이수 또는 심리치료 출석 정지 학급 교체 전학 퇴학 처분	□ □ □ □ □ □ □ □ □
5. 심의위원회에게 보호 대상 소년의 보호자도 특별교육을 받게 하였다.	□ 예 □ 아니오
6. 심의위원회에서 피해 소년에 대한 보호조치가 이루어졌다.	□ 예 □ 아니오
6-1. 심의위원회에서 피해 소년에게 취한 보호조치 심리상담 및 조언 일시보호 치료 및 치료를 위한 요양 학급 교체 그 밖에 필요한 조치( )	□ □ □ □ □

○ 첨부할 서류

- 학교폭력대책심의위원회가 개최되었다면 그 관련 자료 사본: 학교폭력전담기구의 사실 확인 결과 보고서(진술서 등 사실관계를 조사한 자료 포함), 심의위원회 속기록·의결서, 전문 상담 교사의 상담 결과 보고서, 담임교사·책임 교사의 의견서 등
- 보호 대상 소년의 학교생활기록부

2020○. ○. ○○.

통 고 인   고 길 동   (인)

A중학교의 학생 ㄱ은 매일 아침 담임선생님에게 물을 떠다 주었습니다. 담임인 최숙향 선생님은 ㄱ이 고마웠지만, 학생에게 일을 시키는 것 같아 몇 번이고 괜찮다고 만류했습니다. 그때마다 ㄱ은 싱긋 웃으며 "아니에요, 그냥 복도 정수기에서 받은 건데요, 뭐"라고 대답했습니다.

그렇게 몇 개월이 지난 후 최숙향 선생님은 큰 충격을 받게 되었습니다. ㄱ의 친구 ㄴ과 상담하던 과정에서, ㄱ이 매일 가져다주는 물이 변기에서 떠 온 것이라는 사실을 알게 된 것입니다. 순간 구토를 할 것 같아 교실 밖으로 뛰쳐나간 최숙향 선생님은 세면대를 잡고 엉엉 울었습니다.

다음 날, 겨우 마음을 추스른 최숙향 선생님은 ㄱ으로부터 변기 물을 가져다준 것이 사실이라는 진술을 받았고, 학교 측에 교권보호위원회를 열어줄 것을 요청했습니다. 그러나 학교 측은 변기 물을 먹게 한 것은 「교원지위법」에 따른 교육활동 침해 행위에 해당한다고 볼 수 없다는 이유로 교권보호위원회를 열 수 없다고 답했습니다.

학생이 한 달 넘게 교사에게 변기에서 떠 온 물을 먹였는데, 교권 침해가 아니라니, 최숙향 선생님은 본인이 교단을 떠나는 수밖에 없다고 생각하게 되었습니다.

대처 법률 전문가를 통해 적극적인 구제 방법을 모색하세요

1. 타인에게 변기 물을 먹인 것은 어떤 죄일까: 사람의 생리적 기능에 장해를 일으키는 행위는 형법상 상해죄가 됩니다. 우리는 폭행의 결과로 타인의 신체에 상해를 입히면 상해죄라고 알고 있지만, 성병 감염과 같이 폭행을 전제로 하지 않는 경우에도 상해의 결과는 발생할 수 있습니다.

위 사례의 경우도 마찬가지입니다. 일반적으로 변기에 고여 있는 물은 대장균 등 각종 오염물질을 함유하고 있습니다. 오염된 물을 타인에게 먹일 경우 타인 신체의 생리적 기능에 장해를 일으킬 확률이 높습니다. 만약 실제로 최숙향 선생님이 감염에 의해 질병에 걸렸다면 상해죄가 성립되는 것이고, 질병이 발현되지 않았다 해도 상해미수죄가 성립할 수 있습니다.

어떤 행위가 형사범죄에 해당하는지를 판단하는 것은 법률의 영역이므로, 학교의 입장을 이해 못 할 바는 아닙니다. 다만, 죄가 되는지 아닌지 진정으로 의문을 가졌다면 교육청 변호사 혹은 외부 변호사로부터 법률 자문을 받았어야 했다는 아쉬움이 듭니다.

2. 위 사례에서 교사는 어떤 보호를 받을 수 있을까: 다른 형사범죄에 의한 교권 침해 사건과 마찬가지로, 교권보호위원회를 열어 가해학생에 대한 처벌과 피해교원에 대한 보호조치를 받을 수 있

습니다. 또한 형사고소 또는 학교장 통고(〈예시 2〉 참고)를 통해 학생을 형사 절차에서 벌할 수 있으며, 민사상 손해배상 청구가 가능합니다.

3. 법률 해석이 서로 다를 때 어떻게 해야 할까: 교육청에도 교권 담당 부서와 변호사가 있습니다. 그렇지만 학생과 교사의 입장을 모두 고려해야 하는 교육청의 특성상, 적극적인 구제 방법을 제시하지 못하는 경우가 있는 것 같습니다. 먼저 교육청 변호사와 상담을 해보시고, 불충분하다고 느낀다면 교원단체 변호사 또는 외부 변호사와의 상담을 통해 적극적인 권리구제 방법을 모색하실 것을 추천합니다.

　백수찬 선생님은 수업 시간에 짝을 때린 ㄱ을 연구실로 불러 상담을 하고 있었습니다. 그러던 중 갑자기 ㄱ이 "에이 씨×놈, 왜 나한테만 지랄이야!"라며 소리를 질렀습니다. 백수찬 선생님은 순간 너무나 당황했지만 애써 침착함을 유지하며 "너 지금 뭐라고 했어? 너 그거 엄청 큰 잘못인 건 아니?"라고 훈계하려 했습니다. 그러자 ㄱ은 "제가 인터넷에서 봤는데요, 일대일로 있을 때 욕하면 죄가 안 된대요"라고 대꾸하며 연구실을 뛰쳐나가버렸습니다.

　백수찬 선생님은 ㄱ이 잘못을 깨닫게 하고 재발을 방지하기 위해 교권보호위원회를 열어달라고 요청했습니다. 그러나 교무부장은 「교원지위법」상 열거된 죄에 해당하는 행위만 교권 침해로 인정받을 수 있다며, 이 건은 교권보호위원회를 열 수 없는 사건이라고 일축했습니다.

대처 **증거를 확보해두세요**

1. 위 사례와 같은 경우에는 어떻게 대응해야 할까: 모욕죄가 성립하기 위해서는 '공연성'이 있어야 한다는 것은 몇 차례 설명했습니다. 따라서 법리적으로는 ㄱ의 주장이 맞습니다. 모욕죄로 형사처벌을 받을 수는 없죠. 다만 교권보호위원회를 열 수 없다는 교무부장의 발언은 「교원지위법」을 충분히 숙지하지 못한 데서 온

잘못된 사견입니다.

앞서 살펴봤던 「교원지위법」 제19조를 다시 들여다보겠습니다.

제19조(교육활동 침해 행위)

이 법에서 "교육활동 침해행위"란 고등학교 이하 각급 학교에 소속된 학생 또는 그 보호자(친권자, 후견인 및 그 밖에 법률에 따라 학생을 부양할 의무가 있는 자를 말한다. 이하 같다) 등이 교육활동 중인 교원에 대하여 다음 각 호의 어느 하나에 해당하는 행위를 하는 것을 말한다.

1. 다음 각 목의 어느 하나에 해당하는 범죄 행위

   가. 형법 제2편 제8장(공무방해에 관한 죄), 제11장(무고의 죄), 제25장 (상해와 폭행의 죄), 제30장(협박의 죄), 제33장(명예에 관한 죄), 제 314조(업무방해) 또는 제42장(손괴의 죄)에 해당하는 범죄 행위

   나. 「성폭력범죄의 처벌 등에 관한 특례법」 제2조 제1항에 따른 성폭력범죄 행위

   다. 「정보통신망 이용촉진 및 정보보호 등에 관한 법률」 제44조의 7 제1항에 따른 불법정보 유통 행위

   라. 그 밖에 다른 법률에서 형사처벌 대상으로 규정한 범죄 행위로서 교원의 교육활동을 침해하는 행위

2. 교원의 교육활동을 부당하게 간섭하거나 제한하는 행위로서 다음 각 목의 어느 하나에 해당하는 행위

   가. 목적이 정당하지 아니한 민원을 반복적으로 제기하는 행위

   나. 교원의 법적 의무가 아닌 일을 지속적으로 강요하는 행위

다. 그 밖에 교육부장관이 정하여 고시하는 행위

「교원지위법」제19조 제1호가 구체적인 죄명을 나열하고 있는 것은 사실입니다. 그러나 제2호 다목에서는 '교육활동을 부당하게 간섭하거나 제한하는 행위'로서 "그 밖에 <u>교육부장관이 정하여 고시하는 행위</u>"에 해당할 경우 앞서 규정하지 않은 행위에 대해서도 '교육활동 침해'를 적용할 수 있는 가능성을 열어두고 있습니다.

'교육부장관이 정하여 고시하는 행위'[*]는 다음과 같습니다.

교육활동 침해 행위 고시

제2조(교원의 교육활동 침해 행위)

교원의 교육활동(원격수업을 포함한다)을 부당하게 간섭하거나 제한하는 행위는 다음 각 호와 같다.

1. 형법 제8장(공무방해에 관한 죄) 또는 제34장 제314조(업무방해)에 해당하는 범죄 행위로 교원의 정당한 교육활동을 방해하는 행위

2. 교육활동 중인 교원에게 성적 언동 등으로 성적 굴욕감 또는 혐오감을 느끼게 하는 행위

3. 교원의 정당한 교육활동에 대해 반복적으로 부당하게 간섭하는 행위

4. 교원의 정당한 생활지도에 불응하여 의도적으로 교육활동을 방해하는 행위

5. 교육활동 중인 교원의 영상·화상·음성

● 교육부고시 제2023-12호, 2023. 3. 23. 일부 개정

등을 촬영·녹화·녹음·합성하여 무단으로 배포하는 행위

6. 그 밖에 학교장이 「교육공무원법」 제43조 제1항*에 위반한다고 판단하는 행위

따라서 ㄱ학생이 백수찬 선생님에게 욕설을 한 행위는 '교원의 정당한 생활지도에 불응하여 의도적으로 교육활동을 방해하는 행위'에 해당하므로, 교육활동 침해 행위로 인정받을 수 있습니다.

2. 그렇다면, 어렵지 않게 교권 침해를 인정받을 수 있을까: 위와 같은 사례에서 정작 문제가 되는 것은 '교권보호위원회를 개최할 수 있는가'가 아닙니다. '증거가 없는 경우가 많다'는 점입니다. 인터넷을 통해 일대일 욕설이 모욕죄가 아님을 알고 교사에게 욕을 한 학생이, 교권보호위원회에 출석하여 순순히 자신이 욕을 했다고 인정할 리가 없겠지요. 따라서 위원회에서도 교사의 증언만 듣고 학생에게 불리한 처분을 내리기는 어려울 것입니다.

학교는 이제 작은 법정이 되고 있고, 학교폭력을 비롯한 모든 사건은 '증거'에 따라 판단됩니다. 따라서 사건 발생 당시부터 증거를 재빠르게 수집하는 것이 필요합니다. 예를 들어 위 사례의 경우, 가장 효과적인 방법은 상담 내용을 녹음하는 것입니다. 학생이 교사에게 욕설할 것을 염두에 두고 상담 내용을 녹음하라는 의미가 아닙니다. 다른 목적

● 「교육공무원법」 제43조(교권의 존중과 신분보장)
① 교권(敎權)은 존중되어야 하며, 교원은 그 전문적 지위나 신분에 영향을 미치는 부당한 간섭을 받지 아니한다.

자가 없는 상태에서 일대일로 아이를 지도할 경우, 나중에 아동학대를 했다거나 자신의 아이에게 부적절한 말을 했다며 문제삼는 학부모가 간혹 있기 때문에 학생들과의 상담은 항상 녹음해두는 것이 좋습니다.

만약 녹음해두지 못했다면, 사건 직후 ㄱ을 찾아가 "아까 왜그렇게 말했냐" 같은 질문을 하여 본인의 행동을 인정하는 발언을 이끌어내 녹취해도 되고, 즉시 반성문 형태의 진술서를 작성하게 하는 것도 하나의 방법입니다.

3. 상담 내용을 녹음하는 것은 불법일까: 선생님들과 상담할 때 위와 같은 말씀을 드리면, "대화 내용 녹음을 하려면 사전에 고지해야 하죠?"라는 질문을 자주 하십니다. 아마도 드라마나 영화에서 종종 "지금 동의 없이 불법 녹음한 거지?" 같은 대사가 자주 나와서 그런 오해를 하시는 것 같은데, 결론부터 말씀드리자면 대화 당사자 간 비밀 녹음은 불법이 아닙니다.

「통신비밀 보호법」 제3조 제1항*에서는 "공개되지 아니한 타인 간의 대화를 녹음 또는 청취하지 못한다"고 규정하고 있습니다.

즉, 우리 법이 금지하고 있는 행위는 '공개되지 않은 타인 간의 대화를 녹음 또는 청취하는 행위'입니다. 몇 년 전에

● 「통신비밀 보호법」 제3조(통신 및 대화 비밀의 보호)
① 누구든지 이 법과 「형사소송법」 또는 「군사법원법」의 규정에 의하지 아니하고는 우편물의 검열·전기통신의 감청 또는 통신 사실 확인 자료의 제공을 하거나 공개되지 아니한 타인 간의 대화를 녹음 또는 청취하지 못한다. 다만, 다음 각 호의 경우에는 당해 법률이 정하는 바에 의한다. (각 호 생략)

방영된 어떤 드라마에서 회사 부장인 남자 주인공이 자신이 없을 때 부하직원들이 하는 말을 듣기 위해 휴대폰을 통화 상태로 켜두고 화장실에 가서 듣는 장면이 우스꽝스럽게 묘사되었습니다. 그러나 이런 행위는 명백한 「통신비밀 보호법」 위반 행위로서 범죄가 됩니다. 반면, 내가 대화에 참여하고 있다면 상대방의 동의 없이 몰래 녹음해도 범죄*가 되지 않습니다.

전화 통화도 마찬가지입니다. 전화 통화를 녹음해두는 것은 여러 상황에서 유용한 증거가 될 수 있습니다. 특히 ① 상대방이 주장하는 사실관계가 다른 점을 찾아내서 상대방 주장의 신빙성을 떨어뜨리는 역할을 할 수도 있고, ② 내가 잘 기억하지 못하는 나의 말을 확인할 수 있으며, ③ 예전에 상대방이 나에게 보였던 긍정적인 반응을 소송에서 유리한 정황 증거로 삼을 수도 있습니다.

저도 통화 녹음이 되지 않는 미국 브랜드 휴대폰을 10년 넘게 사용하고 있지만, 업무용으로는 따로 안드로이드 폰을 사용하며 상시 통화 녹음을 하고 있습니다. 실제 소송에서는 통화 녹음이 정말로 유용하게 쓰입니다.

통화를 하는 상황이 아니라 하더라도 학생과 상담을 하는 경우, 학부모가 항의 방문한 경우, 또는 학생을 따로 훈계하거나 지도를 하는 경우에도 녹취를 하는 것을 고려해볼 만합니다.

● 형사처벌을 받는 범죄가 되지는 않지만, 민사소송에서는 '음성권' 침해를 이유로 소액의 손해배상금이 인정될 수도 있습니다. 다만, 이때도 '녹음자에게 비밀 녹음을 통해 달성하려는 정당한 목적 또는 이익이 있고 녹음자의 비밀 녹음이 이를 위하여 필요한 범위에서 상당한 방법으로 이루어져 사회윤리 또는 사회통념에 비추어 용인될 수 있는 행위라고 평가할 수 있는 경우'에는 위법성이 조각될 수 있습니다(서울중앙지방법원 2019.7.10.선고 2018나68478 판결).

학생이 교사를 성희롱할 때

심수련 선생님은 3년차 중학교 교사입니다. 신규 교사일 때는 중학생들을 다루기 어려웠지만, 어느덧 능숙하게 수업을 이끌어가고 있습니다. 그러나 며칠 전 겪은 충격적인 사건 때문에 교사를 그만둬야 하나 고민 중입니다.

나른한 오후 수업 시간, 교실 뒤편에 앉아 있던 남학생들이 소란스럽자 심수련 선생님은 "너희들 왜 떠드니?"라고 주의를 주었습니다. 그러자 한 남학생이 이렇게 대답했습니다. "선생님, ○○이가 선생님 가슴이 크대요." 순간 너무 당황한 심수련 선생님은 아무런 말을 하지 못했고, 남학생들은 자기들끼리 낄낄거리며 웃었습니다.

대처 성희롱과 성추행의 심각성을 미리 알려주세요

1. 학생의 성희롱에 어떻게 대응해야 할까: 앞서 1부에서 일반적인 상식과 달리 '성희롱'이 형사범죄가 되는 행위는 아니라는 점을 설명했습니다. 따라서 성희롱에 의한 교권 침해의 경우에도 일반적인 형사 절차가 아닌, 교권보호위원회를 통해 구제받아야 합니다.

교육활동 침해 행위의 종류를 열거하고 있는 「교원지위법」 제19조 제2호 다목에 따라 '교육활동 침해 행위 고시' 제2조(151쪽 참고)를 타고 가면, 제2호에서 별도로 '교육활동 중인 교원에게

성적 언동 등으로 성적 굴욕감 또는 혐오감을 느끼게 하는 행위'
가 교육활동 침해 행위라고 정하고 있습니다.

따라서 선생님께서 학생에게 성희롱을 당했다면, 즉시 교권보
호위원회의 개최를 요청하여 학생을 징계하고, 선생님은 법적으
로 보장된 보호조치를 받으시면 됩니다.

2. 학생의 어떤 행위까지가 성희롱인가: 남학생들을 지도할 때 여성
교사를 성적 대상화하는 상황을 종종 겪게 됩니다. 선생님의 가
슴을 뚫어지게 쳐다보기도 하고, 치마 속을 들여다보기도 합니다.

앞서 1부에서 성희롱이란 '성적 언동 또는 성적 요구 등으로
상대방에게 성적 굴욕감이나 혐오감을 느끼게 하는 행위'라고
말씀드렸습니다. 우리 판례는 "'성적 언동 등'이란 남녀 간의 육체
적 관계나 남성 또는 여성의 신체적 특징과 관련된 육체적·언어
적·시각적 행위로서 사회공동체의 건전한 상식과 관행에 비추어
볼 때 객관적으로 상대방과 같은 처지에 있는 일반적이고도 평
균적인 사람에게 성적 굴욕감이나 혐오감을 느끼게 할 수 있는
행위"라고 판시*했습니다.

따라서 학생이 육체적·언어적·시각적 행위로 교사에게 성적 굴
욕감이나 혐오감을 느끼게 하는 것은 성희롱이 될 수 있습니다.
육체적 행위로는 '지나가면서 슬쩍 엉덩이를 부딪치는 행위', 언
어적 행위로는 위 사례와 같이 성적인
말을 하는 경우, 시각적 행위로는 성적인

● 대법원 2008.7.10.선고 2007두
22498 판결

사진을 보여주거나 또는 교사의 신체 부위를 뚫어지게 쳐다보는 행위 등이 있습니다.

3. 교사의 사진을 몰래 찍는 경우도 성희롱일까: 학생들이 휴대폰을 사용하면서부터 교사의 사진을 몰래 찍는 사례도 급증하고 있습니다. 치마 속을 몰래 촬영하는 경우도 있고, 걸어가는 뒷모습을 몰래 찍기도 합니다.

학생이 교사를 몰래 촬영했다면, 사진의 내용에 따라 그저 성희롱이 아니라 형사범죄가 될 수 있습니다. 「성폭력범죄의 처벌 등에 관한 특례법」에서 '카메라 등 이용 촬영죄'는 카메라나 그밖에 이와 유사한 기능을 갖춘 기계장치를 이용하여 성적 욕망 또는 수치심을 유발할 수 있는 사람의 신체를 촬영 대상자의 의사에 반하여 촬영한 자를 처벌합니다.

즉, 카메라 등으로 성적 욕망이나 수치심을 유발할 만한 교사의 신체를 교사의 의사에 반하여 촬영한 경우 '카메라 등 이용 촬영죄'로 처벌받게 됩니다. '카메라 등 이용 촬영죄'에 대한 가장 최신의 판례에서는 "성적 욕망 또는 수치심을 유발할 수 있는 신체란 특정한 신체의 부분으로 일률적으로 결정되는 것이 아니고 촬영의 맥락과 촬영의 결과물을 고려해 그와 같이 촬영을 하거나 촬영을 당했을 때 '성적 욕망 또는 수치심을 유발할 수 있는 경우'를 의미"한다고 판시하여 버스에서 레깅스를 입고 있던 피해자를 촬영한 자를 유죄로 판단했습니다.˚ 따라서 꼭 노출된 신체 부위가 아니더라도 촬영의 맥락과 촬영의 결과물, 피해자와 같은 성별·연령대의 일반적이고도 평균적인 사람들의 관점에서 성적 수치심을 유발할 수 있다면 처벌받을 수 있습니다.

최근 교직원을 대상으로 한 학생의 성폭력이 증가 추세에 있기 때문에, 교육부가 발간한 '학교 내 성희롱 성폭력 대응 매뉴얼'에서는 이의 사전 예방을 위한 생활지도나 예방 교육을 권장하고 있습니다. 그러나 학교현장에서 막상 교사가 학생들을 대상으로 '교사에 대한 성범죄를 행하는 경우'를 예방하는 교육을 하기란 쉬운 일이 아닙니다. "우리 아이를 범죄자 취급 하는 것이냐?"라는 항의를 받을 수 있기 때문입니다. 그래서 저는 굳이 피해자를 교사로 지칭하지 않는 전반적인 성범죄 예방 교육을 하시되, 피해자가 교사인 경우를 목차에 넣고, 실제 사례를 들어 강조하는 방법을 추천합니다. 예를 들면 다음과 같습니다.

"요즘 '몰카'가 사회적으로 굉장한 이슈인 것을 알고 있죠?

일반적으로 '몰카'라고 하면 화장실에 설치한 카메라를 생각하는데, 그뿐만 아니라 다른 사람의 신체 부위를 몰래 촬영하는 것은 모두 '카메라 등 이용 촬영죄'가 될 수 있습니다. 어떤 학교에서 교사의 신체 사진을 몰래 찍은 학생이 적발돼서 형사처벌도 별도로 받고, 강제전학 처분을 받은 사례가 있습니다. 여러분도 학교에서 친구들이나 선생님들의 신체 사진을 함부로 찍지 않도록 조심하면 좋겠습니다."

● (앞쪽) 대법원 2020. 12. 24. 선고
2019도16258 판결

교권 침해나 범죄 피해, 이렇게 대처하세요

tip

1. 내가 당한 교권 침해가 법의 도움으로 해결할 수 없는 것이라면?

교원단체를 통해 도움을 청하는 것이 가장 효과적인 방법입니다. 차라리 형사처벌이 가능한 교권 침해라면 대응하기가 쉽습니다. 교묘하게 괴롭히는 교권 침해의 경우에는 교원단체가 대신 항의하거나 사안을 기사화시켜 여론의 도움을 받는 방법을 고려해보시기 바랍니다.

2. 범죄 피해를 받았는데, 어떤 도움을 받을 수 있나요?

가해자가 형사처벌을 받을 만한 교권 침해를 당했을 때, 선생님께 제공되는 민형사상 구제 방법이 있습니다. 거기에 더해, 우리나라는 다음과 같이 다양한 방식으로 범죄 피해자를 지원하고 있습니다. 실제로 제 의뢰인 중에는 졸업생에게 지속적인 살해 협박을 받다가 범죄 피해자 지원 프로그램을 통해 다른 지역으로 이사하고 개명을 하신 선생님도 있습니다.

• 법무부

법무부는 생명 또는 신체를 해하는 범죄로 인하여 사망, 장해, 중상해를 입은 피해자에게 범죄 피해 구조금을 지급하고, 국민임대주택 등을 우선 제공하는 주거 지원 제도도 운영하고 있습니다. 또한 강력범죄 피해자는 상담, 심리치유를 받을 수 있습니다.

특히 성폭력범죄 피해자의 경우 국가 지원으로 피해자 국선 변호사를 선정해줍니다. 성폭력범죄 피해를 겪은 선생님은 피해자 국선 변호사를 통해 법원에 의사를 전달하고, 형사 합의에 대한 도움을 받을 수도 있습니다.

※ 전국 피해자 구호전화(1577-1295)

• 검찰청

검찰에서는 수사 과정에서 범죄 피해자가 보호 및 지원을 받을 수 있도록 범죄 피해 구조금을 지급하며, 보복을 당할 우려로 거주지 이전을 할 경우 이전비(이사 실비)를 지원하고 있습니다. 또한 피해자가 별도로 민사소송을 하지 않고도 손해배상을 받을 수 있도록 '배상 명령 제도'를 운영하여 가해자에게 물적 피해, 치료비, 위자료 등을 배상하도록 하는 법원 결정을 받아주기도 합니다.

※ 검찰청 피해자 지원실(1577-2584)

5장

학부모로부터 당하는
교권 침해

학생의 의한 교권 침해를 겪은 선생님들은 큰 충격을 받는 것은 물론, 극심한 스트레스에 시달리게 됩니다. 인간으로서 학생에게 받은 상처에 대한 억울한 심정과 학생에게 엄한 처벌을 요구하거나 법적 조치를 취하는 것이 교사답지 못하다는 내외의 압력을 받을 수밖에 없기 때문입니다.

그러나 교권 침해의 당사자가 학부모라면 이야기가 달라집니다. 그저 인간 대 인간으로서 정해진 절차를 밟으면 된다고 생각합니다. 학생에 의한 교권 침해만이 아니라 학부모에 의한 교권 침해를 받았을 때에도 교권보호위원회를 열 수 있습니다. 그러나 그에 따른 실익이 거의 없다는 것이 문제입니다. 폭행이나 상해 같은 학부모의 행위에 대해서는 형사고소로 대처하는 것이 효과적입니다.

선생님들이 폭행 같은 신체적인 위협보다 더 일상적으로 겪는 교권 침해는 소위 '뒷담화'의 형식으로 교사의 평판을 해치는 것입니다. 사소해 보이는 이런 뒷담화가 모여 선생님의 교육

활동에 대한 신뢰까지 무너뜨리는 만큼, 이에 대해서 교권보호
위원회, 형사고소, 민사소송 등으로 대처하는 방법도 설명하겠
습니다.

박은빈 선생님은 작년에 겪은 충격적인 일 때문에 교직을 그만두고 다른 직업을 구하기 위해 준비하고 있습니다. 작년 말, 박은빈 선생님 반 아동의 어머니와 이모가 갑자기 학교로 찾아와 선생님을 마구 구타한 것입니다. 박은빈 선생님이 자신의 아이를 차별한다는 이유였습니다. 그들은 핸드백 등으로 선생님의 머리와 등을 수차례 내리치며 욕설도 했습니다.

태어나서 처음 누군가에게 맞아보는데다, 그들이 자신이 가르치는 아동의 학부모라는 충격으로 박은빈 선생님은 맞고 있는 와중에도 눈물만 흘릴 뿐이었습니다. 결국 옆 반 선생님이 와서 말릴 때까지 폭행은 계속되었고, 박은빈 선생님은 전치 3주의 진단을 받았습니다.

대처 민형사소송 등 모든 수단을 강구하세요

1. 위 사례에서 학부모의 행위는 어떤 죄가 될까: 사람의 신체를 폭행할 경우 형법 제260조 폭행죄가 됩니다. 만약 단순한 폭행에서 그치지 않고, 피해자 신체의 생리적 기능에 장해가 일어났다면 형법 제257조 상해죄가 될 수 있습니다.

또한, 위 사건의 경우 2인 이상이 폭행했으므로, 「폭력행위 등 처벌에 관한 법률」에 따라 공동폭행으로 인정되며, 일반 폭행에 비해 형이 2분의 1까지 가중될 수 있습니다.

한편, 박은빈 선생님은 공립학교 교원이었으므로 형법 제136조 공무집행 방해죄도 성립할 수 있습니다.

2. 위와 같은 경우 교사는 어떤 구제를 받을 수 있을까: 먼저 형사고소가 가능합니다. 학생이 교사를 폭행했을 경우 교육적 차원에서 고소를 하지 않고 넘어갈 수는 있어도, 성인인 학부모의 폭행까지 이해하고 넘어갈 필요는 없을 것입니다. 또한, 형사범죄로 인정되면 민사상 손해배상 청구를 쉽게 할 수 있습니다. 위 사건의 경우 상해 정도가 심하고, 2명 이상이 함께 폭행한 것이므로 2,000만 원 정도의 손해배상이 인정되었습니다.

다음으로, 박은빈 선생님이 요청할 경우 교권보호위원회를 개최할 수 있습니다. 2024년 3월 27일까지는 학부모가 교육활동 침해 행위를 했다 하더라도 어떠한 처분을 내릴 수가 없었습니다. 그러나 2024년 3월 28일부터는 개정된 「교원지위법」에 따라 '서면사과 및 재발 방지 서약', '교육감이 정하는 기관에서의 특별교육 이수 또는 심리치료'를 받도록 할 수 있게 되었습니다.

끝으로, 교원이 업무를 하던 중 상해를 입게 되면, 공무원연금관리공단에 공무상 재해 신청을 할 수 있습니다. 이때 공무상 재해로 인정되면, 치료비를 공단에서 지급받고 공단이 가해자에게 구상 청구하게 됩니다. 또한, 공무상 재해로 인정되면 공무상 병가를 쓸 수 있습니다.

학부모 단톡방에서 교사를 험담한 사례

어느 날 채송아 선생님은 한 학부모로부터 충격적인 메시지를 받았습니다. 채송아 선생님이 담임을 맡고 있는 반 학부모들이 모인 단체 채팅방에서 채송아 선생님의 사생활이 도마에 올랐다는 내용의 메시지였습니다. 제보자로부터 받은 휴대폰 화면 캡쳐는 다음과 같았습니다.

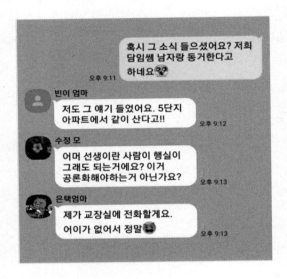

대처 **증거 확보에 주력하세요**

1. 위 사례에서 학부모들의 행위는 어떤 죄가 될까: 공연히 사실 또는 허위사실을 적시하여 타인의 명예를 훼손한 자는 형법 제307조

에 따라 명예훼손죄로 처벌받게 됩니다. 명예훼손죄는 ① 공연히, ② 사실 또는 허위사실을 적시하여, ③ 타인의 명예가 훼손되었을 경우 성립합니다. 모욕죄는 단순한 경멸의 표현(욕설 등)을 했을 경우 성립하며, 명예훼손의 경우 위 사례에서처럼 구체적인 사실("동거한다")을 적시해야 성립합니다.

다만, 위 사례의 경우 오프라인에서 채송아 선생님에 대한 명예훼손 행위가 일어난 것이 아니므로 「정보통신망 이용촉진 및 정보보호 등에 관한 법률」상 명예훼손죄가 성립할 것입니다.

2. 위 사례와 같은 경우 어떻게 대응해야 할까: 형사 사건의 경우 대응 방식은 유사합니다. 앞서의 폭행 사례와 같이 형사고소, 민사소송, 교권보호위원회 등을 통해 구제받을 수 있습니다.

다만, 폭행 사건과 달리 명예훼손 사건에서는 증거 수집이 중요합니다. 당사자들이 그런 사실이 없다며 서로 덮어줄 가능성이 있기 때문입니다. 위 사례의 경우는 다행히 제보자가 채팅 화면을 캡처해주었지만, 오프라인에서 구두로 이루어진 명예훼손 행위라면 그 말을 들은 사람의 진술서 등을 미리 확보하는 것이 중요합니다.

학부모가 온라인에서 욕설을 할 때

　한여진 선생님은 학부모들과의 소통을 위해 '클래스팅'이라는 어플을 이용했습니다. 학생들이 교육활동을 하는 모습도 사진을 찍어 올리고, 학부모에게 전달할 사항도 적는 용도였습니다.

　그러던 어느 날, 한여진 선생님은 믿을 수 없는 댓글을 발견하게 되었습니다. 한여진 선생님이 "수영을 마친 학생들이 감기에 걸릴 수 있으므로, 긴 바지도 함께 준비해주세요"라고 남긴 알림글에 "미친… 제정신 아닌 게 교사라니, 수영장에서 청바지 입으라고 하는 게 제정신이냐? 내가 간호산데 정말 미친×이네"라는 댓글이 달린 것이었습니다.

　아이디가 '○○맘'이기 때문에 작성자가 누구인지 쉽게 알 수 있었고, 이미 10여 명의 학부모들이 그 글을 본 상태였습니다. 더 많은 학부모가 그 글을 보는 것은 막아야겠다는 생각에, 한여진 선생님은 클래스팅을 일단 비공개로 전환했습니다.

대처 **화면 캡쳐를 할 땐 url 주소를 포함하세요**

　1. 위 사례에서 학부모가 댓글로 욕설을 한 것은 어떤 죄가 될까: 많은 분들이 온라인에서 설전이 일어나면 '사이버 모욕죄'가 된다고 알고 있습니다. 그러나 명예훼손죄와는 달리 모욕죄의 경우 온라인

과 오프라인을 따로 구분하여 벌하고 있지 않고, 형법 제311조 모욕죄로 일괄하여 처벌합니다. 따라서 위의 사례는 ① 공연히, ② 경멸적 표현을 했으므로 모욕죄가 됩니다. 온라인 공간의 경우 불특정 다수가 접근 가능하므로 공연성이 쉽게 충족될 것입니다.

2. 어떻게 대처해야 할까: 일반적인 형사 사건과 대처 방법은 같습니다. 다만, 주의하셔야 할 사항이 하나 있습니다. 온라인상에서 명예훼손이나 모욕 행위가 발생했을 때 증거 수집 방법으로 화면 캡쳐를 많이 하는데요, 가능하다면 url 주소가 표시된 화면을 PDF 파일로 저장하는 것이 좋습니다.

허위사실을 신고해서 교사를 괴롭히려 할 때

조산우 선생님은 어느 날 교장선생님으로부터 황당한 이야기를 들었습니다. 조산우 선생님의 반 학생 ㄱ의 어머니가 조산우 교사가 자신의 아이를 폭행하는 등의 아동학대를 했으니 담임을 바꿔달라고 요구한다는 것입니다. 조산우 선생님은 그런 사실이 없으므로 담임 교체에 응할 수 없다고 대응했고, 결국 ㄱ의 어머니 조산우 선생님을 아동학대로 형사고소했습니다.

아동학대의 경우 별다른 물적 증거 없이도 피해아동의 일관된 진술이 있으면 유죄로 인정될 수도 있습니다. 수사 과정에서 ㄱ은 일관된 진술로 조산우 선생님이 자신의 머리를 때리는 등의 행위를 했다고 주장했고, 아동의 진술에 신빙성이 있다고 본 검찰은 조산우 선생님을 기소했습니다.

만약 재판에서도 검찰이 제출한 증거만 다뤄졌다면, 조산우 선생님은 꼼짝없이 아동학대범죄자가 될 수도 있는 상황이었습니다. 다행히도 조산우 선생님은 "ㄱ의 어머니가 ㄱ에게 거짓말을 하라고 했다"는 ㄱ 친구의 증언을 확보하여, 가까스로 무죄를 받을 수 있었습니다.

대처 고소장 작성은 이렇게 하세요

1. 위 사례에서 ㄱ 어머니의 행위는 어떤 죄가 될까: "타인으로 하여금

형사처벌 또는 징계 처분을 받게 할 목적으로 공무소 또는 공무원에 대하여 허위의 사실을 신고"할 경우, 형법 제156조 무고죄가 성립합니다.

많은 선생님이 허위사실을 '고소'할 경우에만 무고가 성립한다고 오해하고 있습니다. 그런데 교사의 경우 교육청에 민원이 들어갈 경우에도 징계 처분을 받게 되므로, 국민신문고 등을 통해 교사에 대한 허위민원을 접수하는 것도 무고죄로 처벌받을 수 있는 행위입니다.

2. 위 사례에서는 어떻게 대처해야 할까: 먼저 위 사례와 같이 허위 진술에 대한 증언을 확보한 경우 학부모를 무고죄로 고소할 수 있습니다. 억울하게 무고를 당하고도 차마 학부모를 고소할 수 없다며 사건을 덮고 넘어가려는 선생님이 많으십니다. 그러나 저는 명백한 무고죄의 경우 확실히 형사처벌을 받도록 해야 제2, 제3의 피해자가 생기지 않는다고 생각합니다. 그런 이유에서 무고를 당한 선생님을 대리해 학부모를 고소한 케이스가 있고, 실제로 처벌이 이루어진 사례도 있습니다.

또한, 무고 혐의가 인정되면 이에 대한 손해배상 청구도 가능합니다. 형사적으로 무고죄가 인정되면 손해배상 청구가 훨씬 수월해지므로, 형사고소와 병행하는 것을 추천합니다.

3. 형사고소를 할 때 무엇을 해야 할까: 많은 사람들이, 자신이 범죄

피해를 당할 경우 수사기관에 신고만 하면 경찰이나 검찰이 알아서 수사를 다 해줄 것이라고 기대합니다. 불행히도, 실상은 그렇지 못한 경우가 많습니다. 수사기관에 접수되는 사건은 너무 많고 인력에 한계가 있기 때문입니다.

이때 고소하는 사람이 최대한 사실관계를 명료하게 정리하고, 관련 증거 및 법리까지 제출해주면 경찰의 수사가 용이해집니다.

따라서 고소장을 작성할 때는 사건 발생의 장소, 시간 등을 명확히 기재하고, 가해자의 행위와 발언을 구체적으로 적은 후 그것이 어떠한 죄에 해당하는지까지 쓰는 것이 좋습니다. 이에 대한 법적 조력이 필요하다 해도 반드시 변호사를 선임할 필요는 없습니다. 법원, 경찰서 등에서 제공하는 변호사 상담을 받거나, 법률구조공단의 도움을 받을 수도 있습니다. (다만, 사실관계가 복잡하거나 법리적으로 입증하기 까다로운 죄의 경우 변호사를 선임하여 고소 대리를 의뢰하는 것이 효과적일 것입니다.)

〈예시 3〉은 실제 발생한 사건을 바탕으로 작성해본 고소장의 예시입니다.

고 소 장

고소인   홍 길 동(주민번호)
주소
연락처

피고소인   학 부 모
주소
연락처

고소 취지

고소인은 피고소인을 형법 제260조 폭행죄, 제311조 모욕죄로 고소하오니 철저히 조사하시어 엄벌에 처해주시기 바랍니다.

고소 이유

1.   당사자들 간의 관계

      고소인은 ○○시 소재 사립 고등학교인 ○○고등학교의 교사이자 1학년 부장으로서 근무하고 있는 자이고, 피고소인은 해당 학교의 1학년 학생 ○○○의 부입니다.

2.   사실관계

      고소인은 2019년 3월 11일 13시경 학교 운동장에서 교복을 착용하지 않은 학생이 휴대전화로 통화를 하는 것을 목격하고, 이를 지도하기 위해 다가갔습니다(해당 학교는 교복을 입고, 학교 일과시간 중에는 휴대전화를 제출하는 것이 학칙입니다).

고소인이 ○○○학생의 신원을 확인하고 휴대전화를 제출하지 않은 이유에 관해서 묻자, ○○○학생은 매우 적대적인 태도로 "초면인데 왜 나한테 반말하냐"고 답하였습니다. 이후 고소인은 당황스러움을 감추고 애써 지도를 계속하고 있었는데, 갑자기 ○○○학생의 부가 운동장 뒤편에서 나타났습니다. 피고소인은 "씨발놈이네", "이 새끼 좆나게 싸가지 없네", "우리 애한테 왜 뭐라고 하냐?"는 등의 모욕적인 욕설을 퍼부었습니다.

매우 당황한 고소인은 피고소인을 혼자서 감당하기 어렵다는 판단을 하고 학생부장에게 전화를 걸어 즉시 와달라는 요청을 하였습니다. 상황이 복잡해지자 피고소인은 "씨발놈" 등 온갖 욕설과 함께 고소인의 어깨를 1회 밀치고 손을 들어 고소인의 뺨을 2~3회 정도 가격하였습니다(증 제1호증 학교 CCTV 영상).

3.   모욕의 점

형법 제311조 모욕죄는 사람의 가치에 대한 사회적 평가를 의미하는 외부적 명예를 보호법익으로 하는 범죄로서, ①공연성 ②특정성 ③모욕적인 표현을 구성요건으로 합니다.

가. 공연성
모욕죄에서 말하는 '공연성'은 불특정 또는 다수인이 인식할 수 있는 상태를 의미하는바, 피고소인이 고소인에게 처음 욕설을 할 당시 운동장에는 학생 10명 정도가 이를 지켜보고 있었습니다(증 제2호증 1학년 학생들의 목격자 진술서). 따라서 공연성의 요건을 충분히 갖추고 있다 할 것입니다.

나. 특정성
모욕죄에서 피해자는 특정되어 다른 사람들과 구별되어야 하는바, 피고소인은 고소인을 특정하여 '야, 너' 등의 호칭과 함께 욕설을 했으므로 특정성의 요건도 갖추었습니다.

다. 모욕성
1) 모욕죄에서 말하는 모욕이란 사실을 적시하지 아니하고 사람의 사회적 평가를 저하시킬 만한 추상적 판단이나 경멸적 감정을 표현하는 것을 의미합니다.
2) 앞서 사실관계에서 밝혔듯 피고소인은 고소인에게 "너 좆나게 싸

가지 없다", "씨발놈이네", "이 새끼 좆나게 싸가지 없네", "씨발놈" 등의 욕설을 하였는바, 이는 우리 판례가 일반 사인 간에서도 모욕성을 인정하는 욕설의 범위에 해당하며, 교사인 고소인에게 학부형인 피고소인이 한 발언임을 감안한다면 더욱더 모욕성이 인정되어야 할 것입니다.

라. 소결
따라서 피고소인의 고소인에 대한 욕설은 형법 제311조 모욕죄에 해당합니다.

4. 폭행의 점
형법 제260조에 따라 사람의 신체를 폭행한 자는 폭행죄로 처벌받아야 합니다. 피고소인은 고소인의 어깨를 밀치고, 뺨을 2대 때린바, 이는 명백한 폭행죄에 해당한다 할 것입니다.

5. 결론

이상과 같은 죄목들에 대해 철저한 수사를 해주시기 바랍니다.

입증 방법

1. 증 제1호증 학내 CCTV 영상
1. 증 제2호증 목격자 진술서

2020. ○. ○.
고소인 홍 길 동 (인)

○○경찰서 귀중

3부

교사는
답답하다

6장

잘 몰라서 답답한
교사의 권리

학생 및 학부모와의 민형사상 소송 외에도, 교사를 억울하게 하는 것이 바로 '징계'입니다. 징계는 잘못했을 때 받는 것이므로, 특히 신규 교사는 징계가 자신과는 먼 이야기라고 생각할 수 있습니다. 그러나 실무에서 겪은 징계 사례들을 토대로 보면, 징계란 '운이 안 좋으면 걸리는 것'입니다. 동일한 과오를 저질렀다 하더라도, 1) 누군가 신고하거나, 2) 다른 교원에 대한 감사를 하다가 같이 적발되는 등의 사유로 징계 절차에 회부되는 경우가 많습니다.

제 신규 교사 시절을 돌이켜보면, 징계 사유에 해당하는 실수가 넉넉잡아 5~6개는 있었던 것 같습니다. 당시에는 그걸 문제 삼는 사람이 없어서 넘어갔지만, 만약 누군가 문제 제기를 했다면 징계 절차에 회부되었을 것입니다.

선생님들과 상담을 하다 보면, 징계의 종류와 효과에 대해 잘 모르신다는 것을 느끼게 됩니다. 저 또한 임용시험을 준비할 때 잠시 징계 관련 법령을 암기하기는 했지만, 실질적인 정보는 알지 못했던 것 같습니다.

요즘 젊은 선생님들 중에서는 '나는 승진에 욕심 없으니까 징계를 받아도 큰 상관이 없어'라고 생각하는 분들이 꽤 있는 것으로 알고 있습니다. 그러나 길고 긴 교직의 여정에서 어떤 마음의 변화가 있을지는 아무도 모릅니다. 4대 비위(금품·향응 수수, 상습폭행, 성 비위, 성적 조작)와 관련된 징계를 받은 경우에는 징계 말소와 상관없이 승진이 제한되므로 유의하셔야 하고요.

한편, 징계는 아니지만 부당한 일을 당했다면 어떻게 다투어야 할까요? 징계에 대해 다투는 소청에 이어, 고충이 발생했을 때 청구하는 고충심사에 대해서도 설명하겠습니다.

선생님들께서는 이번 장에서 설명하는 징계의 종류나 절차에 대한 규정을 가볍게 읽어보시고, 덧붙여진 실제 징계 사례를 통해 어떤 점을 유의해야 하는지 파악해두시면 도움이 될 것입니다.

　김무열 선생님은 야간자율학습 감독을 하고 집으로 운전해서 가던 중 교차로에 서 있는 방범대원의 수신호를 오해해 적색 점멸 신호임에도 멈추지 않고 직진하다 좌회전하는 차량과 부딪쳤습니다. 이 사고로 피해차량 운전자는 전치 2주의 상해를 입었습니다. 당시 김무열 선생님은 시속 20km로 운행 중이었기 때문에 상대방은 큰 상해를 입지 않았고, 물질적인 피해도 모두 보상했습니다.

　그러나 김무열 선생님이 속한 교육지원청의 징계위원회에서는 김무열 선생님이 신호위반을 한 것이 공무원의 품위유지 의무 위반에 해당한다며 김무열 선생님에게 '견책' 처분을 내릴 것을 요구했습니다. 김무열 선생님은 업무와 관련 없는 사생활에서 발생한 교통사고 때문에 징계를 받는 것이 억울했지만, 어떻게 다퉈야 할지 몰라 받아들일 수밖에 없었습니다.

대처 　과중한 징계에는 소청심사를 청구하세요

　1. 업무와 무관한 사고도 징계 사유가 될 수 있을까: 공무원은 직무와 관련된 업무를 수행하는 시간이 아닐 때에도 그 품위가 손상되지 않도록 노력해야 할 의무가 있고, 이는 법률 준수의 의무를 포함합니다.

위 사례의 경우 김무열 선생님은 「도로교통법」 제5조(신호 또는 지시에 따를 의무)를 위반하여 상대 차량 운전자 및 동승자에게 상해를 입혔는데, 이는 공직자로서의 품위유지 의무를 위반한 징계 사유로 인정됩니다.

2. 징계의 종류에는 어떤 것이 있을까: 교원의 징계는 「국가공무원법」, '교육공무원 징계령', '교육공무원 징계양정 등에 관한 규칙'에 의해 견책, 감봉, 정직, 강등, 해임, 파면의 여섯 가지로 이루어집니다(사립학교 교원의 경우 '강등'은 적용되지 않습니다). 이 중 견책과 감봉을 경징계라고 하고, 강등·해임·파면을 중징계라고 합니다. 그리고 각각의 효과는 〈표 3〉과 같습니다. 즉, 견책은 가장

| 표 3 | **징계의 종류 및 효력(국가공무원법 제79조, 제80조)**

1	파면	공무원 신분을 배제하고 5년간 공무원 임용 결격	중징계
2	해임	공무원 신분을 배제하고 3년간 공무원 임용 결격	
3	강등	「교육공무원법」 제2조 제10항에 따라 동종의 직무 내에서 하위의 직위에 임명하고, 공무원 신분은 보유하나 3개월간 직무에 종사하지 못하며 그 기간 중 보수의 전액을 감한다.	
4	정직	1개월 이상 3개월 이하의 기간으로 하고, 정직 처분을 받은 자는 그 기간 중 공무원의 신분은 보유하나 직무에 종사하지 못하며 보수는 전액을 감한다.	
5	감봉	1개월 이상 3개월 이하의 기간 동안 보수의 1/3을 감한다.	경징계
6	견책	전과에 대하여 훈계하고 회개하게 한다.	

법률 제15522호, 2018. 3. 20. 개정된 현행 「국가공무원법」에 따라 작성

가벼운 징계입니다.

3. 징계의 정도는 어떤 기준에 따라 결정될까: '교육공무원 징계양정 등에 관한 규칙' 제2조에 따라 교육공무원 징계위원회는 징계 혐의자의 비위 유형, 비위 정도 및 과실의 경중과 평소 행실, 근무 성적, 공적, 뉘우치는 정도 또는 그 밖의 정상 등을 참작해 〈표 4〉의 징계 기준에 따라 징계를 의결해야 합니다.

아마 〈표 4〉를 처음 보시는 분들은 '비위의 정도가 심한데, 어떻게 경과실일 수 있지?' 하는 의문을 가질 수도 있습니다. 예를 들어 이런 경우가 있을 수 있기 때문입니다.

교사 A씨는 시험 문제를 유출하는 중대한 비위를 저질렀습니다. 그런데 그 유출 행위가 사실은 고의가 아닌 과실에 의한 것이었습니다(시험 문제를 책상에 그냥 두고 나온 경우 등). 따라서 같은 비위라고 해도 사안의 구체적인 내용에 따라 징계의 양정이 달라질 수 있습니다.

4. 징계가 과중하거나 부당할 때는 어떻게 다툴 수 있을까: 교사가 받은 징계가 부당하거나 과중하다고 느껴질 경우에는 교원소청심사위원회에 소청을 요구해야 합니다. 국공립학교 교원의 경우 교원소청심사위원회의 소청을 반드시 거쳐야만 행정소송을 할 수 있기 때문입니다.

반면 사립학교 교원의 경우 소청심사는 필수가 아니므로 교원

| 표 4 | **교육공무원 징계양정 등에 관한 규칙 별표 〈개정 2022. 12. 12.〉**
징계기준(제2조 제1항 관련)

비위의 유형 \ 비위의 정도 및 과실	비위의 정도가 심하고 고의가 있는 경우	비위의 정도가 심하고 중과실인 경우 또는 비위의 정도가 약하고 고의가 있는 경우	비위의 정도가 심하고 경과실인 경우 또는 비위의 정도가 약하고 중과실인 경우	비위의 정도가 약하고 경과실인 경우
1. 성실 의무 위반				
가. 공금횡령·유용, 업무상 배임	파면	파면-해임	해임-강등	정직-감봉
나. 직권남용으로 다른 사람의 권리 침해	파면	해임	강등-정직	감봉
다. 부작위 또는 직무태만, 소극행정 또는 회계질서 문란	파면	해임	강등-정직	감봉-견책
라. 시험문제를 유출하거나 학생의 성적을 조작하는 등 학생 성적과 관련한 비위 및 학교생활기록부 허위사실 기재 또는 부당 정정 등 학교생활기록부와 관련한 비위	파면	해임	해임-강등-정직	감봉-견책
마. 대학수학능력시험 또는 모의시험의 출제·검토 경력을 활용하여 사교육과 관련한 영리행위를 하거나 사교육과 관련한 영리행위를 한 사실을 숨기고 대학수학능력시험 또는 모의시험의 출제에 참여하는 등 대학수학능력시험 또는 모의시험과 관련한 비위	파면	해임	해임-강등-정직	감봉-견책
바. 학생 선발 과정 및 그 결과를 왜곡하여 특정인의 합격 여부에 부당한 영향을 미치는 행위 등 「고등교육법」 제2조 각 호에 따른 학교 및 같은 법 제29조에 따른 대학원, 「초·중등교육법」 제2조 제3호에 따른 고등학교 및 이에 준하는 각종 학교의 입학 또는 편입학과 관련한 비위	파면	해임	해임-강등-정직	감봉-견책
사. 신규채용, 특별채용, 승진, 전직, 전보 등 인사와 관련한 비위	파면	해임	해임-강등-정직	감봉-견책
아. 「학교폭력예방 및 대책에 관한 법률」에 따른 학교폭력을 고의적으로 은폐하거나 대응하지 아니한 경우	파면	해임	해임-강등-정직	감봉-견책
자. 연구부정행위	파면	해임	해임-강등-정직	감봉-견책

차. 연구비의 부당 수령 및 부정 사용 등 연구비의 수령 및 사용과 관련한 비위	파면	파면-해임	해임-강등	정직-감봉
카. 소속 기관 내의 「교육공무원법」 제52조 각 호의 어느 하나에 해당하는 성 관련 비위를 고의로 은폐하거나 대응하지 않은 경우	파면	해임	해임-강등-정직	감봉-견책
타. 「국가공무원법」 제78조의 2 제1항 각 호의 어느 하나 또는 「지방공무원법」 제69조의 2 제1항 각 호의 어느 하나에 해당하는 비위를 신고하지 않거나 고발하지 않은 행위	파면-해임	강등-정직	정직-감봉	감봉-견책
파. 부정청탁에 따른 직무수행	파면	파면-해임	강등-정직	감봉-견책
하. 부정청탁	파면	해임-강등	정직-감봉	견책
거. 성과상여금을 거짓이나 부정한 방법으로 지급받은 경우	파면-해임	강등-정직	정직-감봉	감봉-견책
너. 초과근무수당 또는 여비를 거짓이나 부정한 방법으로 지급받은 경우	비고 제5호의 2에 따름			
더. 직무상 비밀 또는 미공개정보를 이용한 부당행위	파면	파면-해임	강등-정직	정직-감봉
러. 그 밖의 성실 의무 위반	파면-해임	강등-정직	감봉	견책
2. 복종 의무 위반				
가. 지시사항 불이행으로 업무 추진에 중대한 차질을 준 경우	파면	해임	강등-정직	감봉-견책
나. 그 밖의 복종 의무 위반	파면-해임	강등-정직	감봉	견책
3. 직장 이탈 금지 위반				
가. 집단 행위를 위한 직장 이탈	파면	해임	강등-정직	감봉-견책
나. 무단결근	파면	해임-강등	정직-감봉	견책
다. 그 밖의 직장 이탈 금지 위반	파면-해임	강등-정직	감봉	견책
4. 친절·공정 의무 위반	파면-해임	강등-정직	감봉	견책
5. 비밀 엄수 의무 위반				
가. 비밀의 누설·유출	파면	파면-해임	강등-정직	감봉-견책
나. 비밀 분실 또는 해킹 등에 의한 비밀 침해 및 비밀 유기 또는 무단 방치	파면-해임	강등-정직	정직-감봉	감봉-견책
다. 개인정보 부정 이용 및 무단 유출	파면-해임	해임-강등	정직	감봉-견책

라. 개인정보의 무단 조회·열람 및 관리 소홀 등	파면-해임	강등-정직	감봉	견책
마. 그 밖에 보안관계 법령 위반	파면-해임	강등-정직	감봉	견책
6. 청렴 의무 위반	비고 제6호에 따름			
7. 품위유지 의무 위반				
가. 성희롱	파면	파면-해임	강등-정직	감봉-견책
나. 미성년자 또는 장애인에 대한 성희롱	파면	파면-해임	해임-강등	강등-정직
다. 성매매	파면	파면-해임	해임-강등	강등-정직
라. 미성년자 또는 장애인에 대한 성매매	파면	파면	파면-해임	해임
마. 성폭력	파면	파면	파면-해임	해임
바. 미성년자 또는 장애인에 대한 성폭력	파면	파면	파면	파면-해임
사. 공연음란 행위	파면	파면-해임	강등-정직	감봉
아. 미성년자 또는 장애인에 대한 공연음란 행위	파면	파면-해임	해임-강등	강등-정직
자. 카메라 등을 이용한 불법촬영 또는 불법촬영물 유포	파면	파면-해임	해임-강등 -정직	감봉
차. 통신매체를 이용한 음란행위	파면	파면-해임	해임-강등 -정직	감봉
카. 「교육공무원법」 제52조 각 호의 어느 하나에 해당하는 성 관련 비위의 피해자에게 2차 피해를 입힌 경우	파면	해임	해임-강등 -정직	감봉-견책
타. 「교육공무원법」 제52조 각 호의 어느 하나에 해당하는 성 관련 비위를 신고한 사람에게 피해(신고자 신상정보의 유출, 신고자에 대한 폭행·폭언, 그 밖에 신고자의 의사에 반하는 일체의 불리한 처우를 말한다)를 입힌 경우	파면	해임	해임-강등 -정직	감봉-견책
파. 가목부터 카목까지에서 규정한 사항 외의 성 관련 비위	파면	해임	해임-강등 -정직	감봉-견책
하. 학생에 대한 신체적·정신적·정서적 폭력 행위	파면-해임	해임-강등	강등-정직	감봉-견책
거. 음주운전	비고 제7호에 따름			
너. 그 밖의 품위유지 의무 위반	파면-해임	강등-정직	감봉	견책
8. 영리 업무 및 겸직 금지 의무 위반	파면-해임	강등-정직	감봉	견책

9. 정치운동 금지 위반	파면	해임	강등-정직	감봉-견책
10. 집단 행위 금지 위반	파면	해임	강등-정직	감봉-견책

비고
1. 제1호 다목에서 "부작위"란 교육공무원이 상당한 기간 내에 이행해야 할 직무상 의무가 있는데도 이를 이행하지 않는 것을 말한다.
  1의 2. 제1호 마목에서 "대학수학능력시험"이란 「고등교육법」 제34조 제3항 및 같은 법 시행령 제36조에 따른 대학수학능력시험을 말하며, "모의시험"이란 같은 법 제34조 제8항에 따른 모의시험을 말한다.
2. 제1호 자목에서 "연구부정행위"란 「학술진흥법」 제2조 제5호에 따른 연구자에 해당하는 교육공무원이 같은 법 제15조에 따른 연구부정행위를 저지른 경우를 말한다.
3. 제1호 파목에서 "부정청탁에 따른 직무수행"이란 「부정청탁 및 금품 등 수수의 금지에 관한 법률」 제6조의 부정청탁에 따른 직무수행을 말한다.
4. 제1호 하목에서 "부정청탁"이란 「부정청탁 및 금품 등 수수의 금지에 관한 법률」 제5조에 따른 부정청탁을 말한다.
5. 제1호 거목에서 "성과상여금"이란 「공무원수당 등에 관한 규정」 제7조의 2 제10항에 따른 성과상여금을 말한다.
  5의 2. 비위행위가 초과근무수당 또는 여비를 거짓이나 부정한 방법으로 지급받은 경우에 해당하는 경우 그 징계기준은 '공무원 징계령 시행규칙' 별표 1의 2 또는 '지방공무원 징계규칙' 별표 1의 2를 준용한다.
6. 비위행위가 청렴의무 위반에 해당하는 경우 그 징계기준은 '공무원 징계령 시행규칙' 별표 1의 3을 준용한다.
  6의 2. 제7호 가목 및 나목에서 "성희롱"이란 「양성평등기본법」 제3조 제2호에 따른 성희롱을 말한다.
7. 비위행위가 음주운전에 해당하는 경우 그 징계기준은 '공무원 징계령 시행규칙' 별표 1의 5를 준용한다.
8. 제1호 더목에서 "직무상 비밀 또는 미공개정보를 이용한 부당행위"란 「공직자의 이해충돌 방지법」 제14조를 위반하는 행위를 말한다.
9. 제7호 차목에서 "통신매체를 이용한 음란행위"란 「성폭력범죄의 처벌 등에 관한 특례법」 제13조에 따른 범죄에 해당하는 행위를 말한다.

소청심사위원회에 소청을 청구해도 되고, 바로 민사소송을 청구해도 됩니다.

1) 교원소청심사

교원소청심사 제도는 징계 처분과 그 밖의 의사에 반하는 불리한 처분을 받은 교원이 불복할 수 있는 제도로, 연간 800여 건 정도의 심사를 하고 있습니다.

「교원지위법」에 소청심사에 관한 근거 규정을 두고 있는데, 소송에 비해 절차가 빠르게 진행되고 비용이 들지 않는다는 장점이 있습니다. 다만, 소청심사의 청구는 처분이 있었던 것을 안 날로부터 30일 이내에 해야 합니다. 소청심사 청구서는 〈예시 4〉와 같이 작성하시면 됩니다(186쪽 참고).

2) 행정소송

가. 국공립학교 교원의 경우

국공립학교 교원의 경우, 소청심사를 거쳤기 때문에 소청심사위원회의 결정에 대해 행정소송을 제기할 수 있고, 아니면 원 처분(징계 처분) 자체에 대한 행정소송을 제기할 수도 있습니다.

위 사례의 경우, 김무열 선생님이 받은 견책은 가장 가벼운 징계이므로, 소청심사위원회에 소청을 청구한다면 징계 취소를 받기 위해서일 것입니다. 그러나 그런 목적이 이루어지지 못했을 경우 행정소송을 제기할 수 있습니다.

나. 사립학교 교원의 경우

사립학교 교원의 경우, 소청을 거쳤다면 소청심사위원회 결정에 대한 행정소송을 제기할 수 있습니다. 또한, 소청을 거치지 않았다면 임용권자인 학교법인을 상대로 민사소송을 청구해야 합니다.

소청심사 청구서

사건명   견책 처분 취소 청구
청구인   김 무 열
             소속 학교명: ○○고등학교
             직위: 교사
             주소:

피청구인   ○○교육감

청구 취지

1.   피청구인이 2020년 6월 5일 청구인에게 한 견책 처분을 취소한다.
라는 결정을 구합니다.

청구 원인

1.   당사자 사이의 관계

청구인은 1990년 3월 1일 ○○교육청 ○○고등학교에 신규로 임용되어 2019년 3월 1일부터 현재까지 ○○고등학교 교사로 재직 중인 자입니다. 피청구인은 청구인의 인사권자입니다.

2.   청구인에 대한 견책 처분

피청구인은 청구인이 2020년 5월 1일 「도로교통법」, 「교통사고처리 특례법」을 위반한 것이 공무원의 품위유지 의무 위반에 해당한다며 견책 처분을 내렸습니다.

3,   이 사건 징계양정은 과도합니다.

청구인이 「도로교통법」 및 「교통사고처리 특례법」을 위반한 것은 사실이나, ① 이 사건은 청구인의 직무와는 무관한 사고입니다. 또한 ② 청구인이 사고 당일 학생들의 야간자율학습 지도를 하고 늦은 시간 퇴근하는 길에 이 사건 사고를 일으킨 것으로, 사고에는 참작할 만한 사유가 있습니다. 더군다나 ③ 청구인이 일으킨 교통사고는 단순·경미한 사고로 인적·물적 피해 보상을 완료한 점을 고려하여야 하고, ④ 청구인은 본인의 실수를 인정하며 잘못을 반성하고 있습니다.

따라서 이 사건으로 인한 징계양정은 다소 과중하므로, 피청구인이 청구인에게 한 견책 처분을 불문경고 처분으로 감경해주시거나 또는 징계 처분을 취소하여주시기 바랍니다.

5.   결론
이상과 같이 이 사건 징계 처분은 위법·부당하므로 취소 또는 감경되어야 합니다.

2020. 12. 8.
청구인 김무열

교원소청심사위원회 귀중

고충_동반휴직 중 취득한 학위의 인정

서영은 선생님은 배우자의 유학 일정에 따라 4년간 동반휴직을 하고 올해 학교로 복귀했습니다. 4년간 외국에서 생활하던 서영은 선생님은 시간을 알차게 보내기 위해 교육학 석사학위를 취득했고, 귀국 후 학교 교무 담당자에게 석사학위를 경력사항으로 입력해줄 것을 요청했습니다.

그러나 교무 담당자는 동반휴직 중에 석사학위를 취득한 것은 동반휴직 목적에 어긋나므로 인정되지 않는다며 경력으로 입력할 수 없다고 주장했습니다. 교육청 담당 장학사에게도 문의했지만 같은 취지로 답변했습니다.

서영은 선생님은 이해할 수 없었습니다. 동반휴직의 목적은 부부가 떨어지지 않고 생활하기 위함인데, 함께 외국에 나가서 생활하되 남는 시간에 본인이 학위를 취득한 것이 무엇이 문제인지 납득하기 어려웠습니다. 그러나 교육청 담당자가 안 된다고 답변한 것을 어떻게 뒤집을 수 있을지, 그 방법을 몰라 답답했습니다.

대처 처우나 근무 조건에 대해서는 고충심사를 청구하세요

1. **징계와 무관한 고충은 어떻게 구제받을 수 있을까**: 서영은 선생님과 같은 고충을 겪는 교원들은 '교원고충심사'를 청구할 수 있습

니다(〈예시 5〉 참고). 고충처리 제도는 공무원이 겪는 근무 조건, 인사 관리, 기타 신상 문제에 대해 심사와 상담을 통해 적절한 해결책을 강구하는 제도로, 징계와 같은 불이익 처분 외에 교원들이 겪는 부당한 처우나 근무 조건에 대한 고충을 심사하는 제도입니다.

교원고충심사위원회는 위와 같은 사례에 대해, ① 동반휴직 기간은 청원휴직으로 경력 인정과 승급 대상에서 제외되어 있는 점, ② 동반휴직 중에 취득한 학위를 새로운 경력으로 합산하더라도 경력의 중복이 발생하지 않는 점, ③ 학위 취득이 동반휴직의 목적에는 부합하지 않으나 동반휴직 기간에 학위를 취득하는 것은 교원의 전문성 향상을 위한 해당 교원의 선택사항으로 보는 것이 타당해 보이는 점, ④ '2016 교육공무원 인사실무'(교육부 2016. 5.)에서도 "동반휴직 기간 중 학위 취득 실적은 휴직 명분을 유지하면서 교원의 전문성 향상을 위한 차원에서 적법한 학위를 취득하였을 경우 교육공무원 인사기록 변경(추가) 등재 신청이 가능하고, '교육공무원 승진 규정'에 의한 연구실적 평정 대상이 된다"라고 질의 회신되어 있는 점 등을 종합하면, 동반휴직 중에 학위 취득이라는 새로운 경력 사유가 발생했을 때 이를 경력으로 인정하는 것이 타당해 보인다고 결정했습니다.

2. 교원고충심사위원회 결정에 대해 행정소송을 제기할 수 있을까: 위 서영은 선생님의 사례에서는 경력을 인정해야 한다는 결정이 나왔

고충심사 청구서

사건명   동반휴직 시 학위 취득 관련 고충 해소 청구
청구인   서영은
           소속 학교명 : ○○초등학교
           직위 : 교사

피청구인   ○○교육감

청구 취지

1.   청구인이 동반휴직 시 취득한 석사학위에 대한 연구실적 평정 대상과
      경력 및 호봉 재획정을 승인한다.
      라는 결정을 구합니다.

청구 원인

1.   사안의 개요
      청구인은 2016년 3월 1일부터 2020년 2월 29일까지 배우자의 유학
일정에 맞추어 동반휴직을 하였습니다. 청구인은 동반휴직 기간 중 미국 일리
노이주립대학교에서 교육학 석사학위를 취득하였는데, 피청구인은 이 학위를
경력사항 및 호봉에 반영할 수 없다고 주장하고 있습니다.

2.   피청구인 주장의 부당함
      피청구인은 동반휴직 중 석사학위를 취득하는 것은 동반휴직의 승인
목적에 부합하지 않고, 동반휴직 기간은 승급이 제한되므로 동반휴직 중 학
위 취득 실적을 연구실적 평정, 경력 및 호봉 재획정 대상으로 인정할 수 없다
고 주장하고 있습니다.

      그러나 청구인은 동반휴직을 악용하여 학위를 취득한 것이 아니고,
동반휴직의 목적을 달성하는 와중에 시간을 쪼개어 학위를 취득한 것뿐입
니다. 따라서 동반휴직 목적에 어긋난다는 이유로 청구인이 취득한 학위를 인

정할 수 없다는 주장은 납득할 수 없습니다.

　　또한 동반휴직 기간이 승급이 제한되는 것은 사실이나, 이는 동반휴직 기간 중 취득한 학위까지 무효가 된다는 취지는 아닙니다. 승급과 경력 인정은 별개의 사실입니다.

3.　　결론

　　따라서 피청구인의 주장은 근거 없는 주장이며, 교원의 전문성 신장을 가로막는 주장이므로 청구인의 석사학위 실적을 연구실적 평정, 경력 및 호봉 재획정 대상으로 인정해주시기 바랍니다.

2020년 9월 13일
청구인 서영은

교원고충심사위원회 귀중

습니다만, 이와 반대로 교원고충심사위원회의 결정이 교사의 청구를 인정하지 않는 방향으로 나올 수도 있습니다. 이때 교사가 그 결정에 불복해 행정소송을 제기할 수는 없습니다. 교원고충심사위원회의 고충심사 결정은 어떠한 행정처분에 대하여 위법 여부를 다투는 것이 아닐 뿐만 아니라 그 결정에 기속력이 없습니다. 즉, 학교에서 그 결정을 따르지 않을 수 있다는 뜻입니다 (물론 대부분의 국공립학교에서는 고충심사위원회의 결정을 존중합니다). 따라서 고충심사 결정에 불복하여 법원에 행정소송을 제기할 수는 없으며, 행정소송을 제기하면 '각하'됩니다.

공무상 재해_출근길에 당한 교통사고

민경서 선생님은 2017년 4월 1일 출근길에 교통사고를 크게 당해 세 차례에 걸친 수술을 받았고, 2020년 7월 현재까지 병원 진료를 받고 있습니다.

민경서 선생님은 사고 당시 학교 측에 공무상 재해 신청이 가능한지 물었는데, 학교 관리자는 "아직 학교에 출근하기 전에 사고가 난 것이라 공무상 재해에 해당되지 않을 것"이라고 답했습니다. 선생님은 결국 일반 병휴직을 하고 자비로 수술 및 치료를 받았습니다.

그런데 얼마 전 동학년 교사들과의 식사 자리에서 "인근 학교 선생님은 출근길 사고로 공무상 병가를 쓰고 있다"는 말을 듣고 공무원연금공단에 확인해보니, 출근길 사고도 공무상 재해로 인정받을 수 있다는 것입니다. 민경서 선생님은 그제야 부랴부랴 '공무상 요양 승인 신청서'를 작성하여 공무원연금공단에 제출했습니다. 그러나 공무원연금공단에서는 청구 시효가 지났다며 불승인 결정을 내렸습니다.

대처 공무상 재해의 범위와 시효를 확인하세요

1. 공무상 재해는 어디까지 인정될까: 일반 근로자의 경우 업무 중 사고가 발생했을 때 「산업재해보상보험법」에 근거하여 근로복지

공단에 산재 신청을 하게 됩니다. 그렇다면 공무원이 공무를 수행하던 중 상해 또는 질병을 입은 경우는 어떻게 될까요?

공무원은 「공무원 재해보상법」에 근거하여 재해보상급여를 신청할 수 있습니다. 공무상 재해는 다음과 같이 '공무상 부상'과 '공무상 질병'으로 나뉩니다.

「공무원 재해보상법」 제4조 제1항

1. 공무상 부상: 다음 각 목의 어느 하나에 해당하는 사고로 인한 부상
   가. 공무 수행 또는 그에 따르는 행위를 하던 중 발생한 사고
   나. 통상적인 경로와 방법으로 출퇴근하던 중 발생한 사고
   다. 그 밖에 공무 수행과 관련하여 발생한 사고

2. 공무상 질병: 다음 각 목의 어느 하나에 해당하는 질병
   가. 공무 수행 과정에서 물리적·화학적·생물학적 요인에 의하여 발생한 질병
   나. 공무 수행 과정에서 신체적·정신적 부담을 주는 업무가 원인이 되어 발생한 질병
   다. 직장 내 괴롭힘(공무원이 직장에서의 지위나 관계 등의 우위를 이용하여 업무상 적정 범위를 넘어 다른 공무원에게 신체적·정신적 고통을 주거나 근무 환경을 악화시키는 행위를 말한다), 민원인 등의 폭언 등으로 인한 업무상 정신적 스트레스가 원인이 되어 발생한 질병
   라. 공무상 부상이 원인이 되어 발생한 질병
   마. 그 밖에 공무 수행과 관련하여 발생한 질병

공무상 재해란 공무원으로서 업무를 수행하던 중 입은 재해를 가리키므로, 공무원은 여러 가지 혜택을 제공받게 됩니다. 교사가 쓸 수 있는 일반 병가는 연 60일의 범위까지만 인정되는데 반해 공무상 병가는 180일까지 인정되고, 일반 질병휴직이 1년까지(필요 시 1년 더 연장 가능) 인정되는 반면 공무상 질병휴직은 3년까지 쓸 수 있습니다. 또한 일반 질병휴직의 경우 경력평정에 산입되지 않고 승급 제한도 있지만, 공무상 질병휴직은 경력평정에 산입되고 승급 기간 제한도 없습니다.

게다가, 일반 질병휴직 기간에는 봉급의 70%만 지급되지만 공무상 질병휴직 기간에는 봉급 전액이 지급됩니다.

2. 출근 중 사고도 공무상 재해로 인정받을 수 있을까: 물론입니다. 「공무원 재해보상법」에서는 명시적으로 출퇴근 중 발생한 사고가 공무상 부상에 해당한다고 밝히고 있습니다. 다만 이때 '통상적인 경로와 방법으로 출퇴근해야' 합니다. 예를 들어, 학교가 경기도에 있는데 강원도로 놀러갔다 바로 출근하는 과정에서 발생한 사고까지 공무상 재해로 인정받기는 어려울 것입니다.

위 사례는 '카더라'식 정보만 믿다가 수천만 원의 금전적 피해를 본 전형적인 사례입니다. 이 책에서 여러 차례 강조합니다만, '관리자'나 '동료 교사' 등에게 법적인 조언을 구하지 마세요. 포털사이트에 검색만 해도 쉽게 찾을 수 있는 정보들입니다.

3. 청구 시효가 지나면 전혀 구제를 받을 수 없을까: 공무상 요양급여의 경우 청구 시효는 3년이고, 장해연금의 경우 청구 시효는 5년입니다(「공무원 재해보상법」 제54조 제1항). 원칙적으로 시효가 도과되면 급여 청구권을 상실하는 것이 맞습니다. 다만, 위 사례에서는 일부 기간의 요양급여를 인정받을 수 있었는데, 청구인 민경서 선생님과 공무원연금공단 담당자 모두 실수가 있었습니다.

공무상 재해를 당했을 경우, 사고 당일 하루만 치료를 받는 일은 드물 것입니다. 짧게는 며칠, 길게는 수년에 걸쳐 치료를 받게 됩니다. 위 사례에서 민경서 선생님은 수차례 수술을 받았고, 몇 년 동안 통원치료를 계속하고 있습니다.

산업재해의 보험급여를 받을 권리의 소멸 시효 기산점에 관한 우리 대법원의 판례는 이렇습니다. "「산업재해보상보험법」상 보험급여를 받을 권리의 소멸 시효 기간의 기산점은 그 권리를 행사할 수 있는 때로서, 요양급여 청구권의 경우에는 요양에 필요한 비용이 구체적으로 확정된 날의 다음 날, 즉 요양을 받은 날의 다음 날부터 매일매일 진행한다"(대법원 1989.11.14.선고 89누2318 판결 참고). 즉, 오늘 치료를 받고 내일도 치료를 받는다면, 내일 치료받은 부분의 비용 청구권은 모레부터 새롭게 소멸 시효 기간을 기산해야 한다는 뜻입니다.

민경서 선생님은 2017년 4월 1일에 공무상 재해를 당했습니다. 따라서 공무상 요양 승인 신청을 했던 2020년 7월 8일을

기준으로 3년이 지났기 때문에 시효가 끝났다고 생각하기 쉽습
니다.

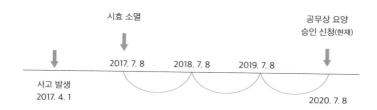

그러나 민경서 선생님은 다음과 같이 2017년 7월 8일 이후
까지 계속적인 치료를 받았습니다. 따라서 현재 시점인 2020년
7월 8일에서 3년을 역산한 2017년 7월 8일 이후에 민경서 선생
님이 받은 치료에 따른 요양, 간병, 재활급여 청구권은 아직 시
효가 남아 있다고 볼 수 있습니다.

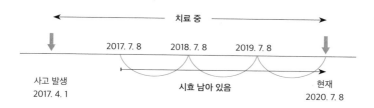

7장

학교도
작은 사회인지라

처음 교원단체의 상근 변호사로 근무를 시작할 때, 저는 학생이나 학부모로부터 부당한 교권 침해를 당하거나 또는 행정청으로부터 부당한 징계를 당하는 사건을 주로 다루게 될 것이라고 생각했습니다.

그러나 실제로 근무를 해보니, 의외로 '교사들 사이의 갈등', '교사와 교육행정직 사이의 갈등', '교사와 교육공무직 사이의 갈등' 등 학교 내의 동료 간 인간관계에서 오는 갈등이 많다는 것을 알게 됐습니다.

많은 신규 교사들이 첫 발령을 받은 때부터 관리자와의 관계 설정에 어려움을 겪는다고 들었습니다. 사실 어떤 학교에 발령받는가도 운이라서, 우연히 좋은 관리자를 만나 행복한 학교생활을 할 수도 있고, 지역에서 이미 유명한 꼰대(?) 관리자를 만나 출근이 싫어지는 경험을 하게 될 수도 있습니다.

교사가 비교적 점잖은 직업군이긴 하지만, 아무래도 학교도 작은 사회인지라 직장 동료들 간에 크고 작은 갈등이 발생할 수

밖에 없는 것 같습니다.

이 장에서는 교사들이 학교 안 동료관계에서 겪는 여러 가지 법적 분쟁을 소개하고, 적절한 대처 방법을 설명하고자 합니다. 제 의견이 절대적인 정답이 될 수는 없겠지만, 일반적인 직장 내 갈등에 비해 학교 내 갈등에 대한 정보가 워낙 부족한 편이라 어느 정도 도움이 될 수 있으리라 생각합니다.

1) 교사들 사이의 뒷담화가 명예훼손이 된 사례

사례A 모 학교 교무부장 ㄱ씨는 평소 업무를 태만히 하고 학부모들로부터 수많은 민원을 발생시킨 ㄴ교사와 갈등이 있었습니다. 이후 ㄴ교사가 학교를 옮겼고, 그 자리에 ㄷ교사가 새로 발령받아 왔습니다. ㄱ교무부장은 ㄷ교사에게 ㄴ교사의 지난 잘못을 몇 가지 이야기하며, 이런 일이 없도록 주의해달라는 취지의 말을 했습니다. 이는 금세 ㄴ교사의 귀에 들어갔고 ㄴ교사는 ㄱ부장을 명예훼손으로 고소했습니다.

일반적으로 한 명에게만 다른 사람의 흉을 보면 '공연성' 요건을 갖추지 못해 명예훼손이 되지 않는다고 오해할 수 있습니다. 그러나 우리 판례는 '전파 가능성 이론'이라는 것을 도입하고 있습니다. 단 한 명에게만 명예훼손의 발언을 했더라도, 그것이 전파되어 여러 사람에게 전해질 가능성이 있다면 공연성을 인정하는 것입니다.

반면, 이와 유사한 사례이지만 공연성을 인정받지 못한 사례도 있습니다.

사례B 모 유치원 교사 ㄹ씨는 같은 유치원 교사들에게 원장 ㅁ씨에 대한 험담을 했습니다. 이에 ㅁ원장은 ㄹ교사를 명예훼손으로 고소했습니다. 그렇지만 검찰은 같은 학교(유치원) 교원들에게만 험담한 것은 외부로의 전파 가능성이 없다며 불기소 처분했습니다.

개인적인 생각으로는 사례A와 사례B가 유의미한 차이가 있는지 의문이지만, 공연성과 전파 가능성에 대한 수사기관의 판단이 각기 달라 일괄적인 기준을 제시하기 어렵습니다.

2) 가볍게 생각한 터치가 폭행이 된 사례

ㄱ교장은 교직원들과의 식사 자리에서 민원이 많은 반의 수업에 들어가지 않겠다고 말하는 ㄴ교사가 철이 없다고 생각하여, "딸 같은 마음"(ㄱ교장의 표현)에 등을 툭 치면서 "어휴, 선생님이 그렇게 말하면 어떡하느냐"고 말했습니다.

이후 ㄴ교사는 ㄱ교장이 자신을 폭행했다고 형사고소했습니다. 매우 사소한 일이지만 타인에게 유형력有形力을 가한 것은 사실이므로, 검찰은 ㄱ교장을 기소유예했습니다. 일반인에게 기소유예는 매우 가벼운 처분이지만, 공무원의 경우에는 기소유예라고 해도 혐의 사실은 인정되므로 징계를 받게 됩니다.

ㄱ교장은 말을 하면서 툭 친 것이 어떻게 폭행이 되느냐고 억울함을 호소했지만, 법리적으로 타인에 대한 유형력 행사는 폭행이 맞습니다. 타인의 신체에는 손도 대지 않는 것이 좋습니다. 평교사 간에도 조심해야 합니다. 위 사례는 우연히 가해자가 교장이었을 뿐이고, 법리적으로 폭행의 성립은 직위와 관계가 없습니다.

1) 갑질

예전에는 공무원이 소위 '갑질'을 할 경우 그 내용에 따라 '성실 의무', '품위유지 의무', '청렴 의무' 위반 등으로 징계 기준을 적용했고, 명시적으로 '갑질'을 규정하는 징계 기준은 없었습니다. 그러나 사회 변화에 발맞추어 인사혁신처가 2018년 '공무원 행동강령'에 갑질을 금지하는 의무 규정을 신설해 2019년 4월부터 시행되고 있습니다.

학교현장의 경우, 주로 교장이 교감, 교사 등에게 부당한 업무 외 지시를 하는 경우 갑질로 징계를 받고 있습니다. 다음은 갑질로 인정되어 징계를 받은 사례들입니다.

사례A 모 고등학교 교장 ㄱ은 평소 교직원들에게 무례한 발언을 많이 하면서 연차나 병가를 쓸 때도 눈치를 주었으며, 자신의 온라인 연수를 대리 수강하도록 하는 등의 행위를 했습니다. 이에 대해 교육청의 감사가 진행되었고 해당 교장은 견책 처분을 받았습니다.

사례B 모 초등학교 교장 ㄴ은 평소 행정실 직원들에게 자신의 개인적인 용무를 처리하도록 했고, 학교와 수의계약관계에 있는 업체 직원으로부터 편의를 제공받는 등의 이유로 감봉 처분을 받았습니다.

사실 ㄴ교장의 행위는 다른 학교에서도 만연하여 일어나고 있는 일이며, '문제를 삼자 문제가 된' 전형적인 사안입니다.

사례A에서 ㄱ교장이 받은 견책 처분이 너무 가벼운 징계 아닌가 하는 의문이 들 수 있습니다. 그러나 교원의 경우 징계를 받으면 인사이동을 하게 되므로, 다른 학교로 이동해야 하는 불이익이 발생합니다. 특히 공모교장의 경우, 공모교장으로 임명된 학교에서 다른 학교로 이동하면 원래 본인의 지위로 돌아가게 되므로 사실상 강등의 효과가 있습니다. 공모교장이 아닌 경우에도 견책 이상의 징계 처분을 받은 자는 교장 중임을 받을 수 없게 됩니다.

이처럼, 견책이 가벼운 처분처럼 보이지만 학교장 본인에게는 상당히 큰 신분상의 피해가 발생하는 것입니다.

2) 연차, 병가 등

연차, 병가는 근로자의 당연한 권리이므로 본인의 신청이 있을 때는 쓸 수 있도록 하는 것이 원칙입니다. 그러나 교원의 경우 '교원휴가에 관한 예규'에서 다음과 같이 규정하고 있기 때문에 휴가와 관련한 소소한 분쟁이 발생하고 있습니다.

'교원휴가에 관한 예규' 4조(휴가 실시의 원칙)
① 학교의 장은 휴가를 승인함에 있어 소속 교원이 원하는 시기에 법정휴가일수를 사용할 수 있도록 보장하되, 연가는 수업 및 교육활동

등을 고려하여 특별한 사유가 없는 한 수업일을 제외하여 실시하도록 한다.

② 학교의 장은 휴가로 인한 수업 결손 등이 발생하지 않도록 필요한 조치를 취하여야 한다.

즉, 교원은 수업 및 교육활동에 영향을 미치지 않도록 수업일을 제외하여 연가를 사용할 수 있고, 그 결정을 학교장이 하도록 하고 있기 때문에 갈등 상황이 발생하는 것입니다. 예를 들어, 교사가 학기 중 중요한 가족 행사가 있어서 연가를 사용하려 할 때, 학교장은 수업 결손을 이유로 이를 승인해주지 않을 수 있습니다.

반대로, 위 조항에서 규정하지 않은 경우, 즉 수업 결손이 우려되지 않는 경우(예를 들어 학기 중이지만 수업이 없는 날 등)에는 법정 허용된 연가를 쓰도록 해야 합니다. 관리자가 이를 허용하지 않는다면 앞서 검토한 갑질을 행했다고 볼 여지가 있습니다.

3) 막말

선생님들과 상담을 하다 보면, 관리자의 무신경한 막말에 상처를 받고 본인의 교권이 침해되었다고 느끼는 분이 많은 것을 알 수 있습니다. 사실 이 경우는 정확한 표현, 발언이 일어난 전후 상황에 따라 그 양상이 매우 다양하므로, 일률적인 대응 방법이 있다고 말씀드릴 수가 없습니다.

다음의 사례를 통해 어떤 정도의 막말이 처벌 및 징계의 대상이 되는지 가늠할 수 있을 것입니다.

사례A ㄱ교사는 설레는 마음으로 첫 전체 회식에 참석했습니다. 그런데 그날따라 과음을 한 교감이 ㄱ교사에게 욕설을 했습니다.

이렇게 명확한 욕설을 하는 경우는 해결이 쉽습니다. 회식과 같이 타인이 있는 곳에서 모욕적인 표현을 할 경우 형법상 모욕죄가 인정되기 때문입니다. 또한 위와 같은 행위는 공무원의 '품위유지 의무 위반'에 해당하기 때문에 징계 사유가 됩니다.

사례B ㄴ교사(여)는 관리자들과의 식사 자리에서 충격적인 표현을 들었습니다. ㄴ교사가 남자친구가 생겼다고 얘기하자 교장(여)이 "여자는 언제 침대로 가는지에 따라 팔자가 달라진다"며 "쉽게 굴지 말라"고 말한 것입니다.

교장의 발언은 명백한 성희롱에 해당하며, 같은 성별인지의 여부는 중요하지 않습니다. 따라서 학교장은 감봉 처분을 받았습니다.

4) 업무분장 등

2월에는 유독 업무분장과 관련한 상담 전화가 많이 옵니다.

전화를 건 선생님은 대개 "관리자가 나에게만 과다한 업무를 준다"고 하소연하곤 합니다.

저는 이런 상담 전화를 받았을 때가 가장 난감합니다. 이 하소연의 절반은 '누군가가 해야 하는 힘든 일이지만 나는 하기 싫다는 태도'이기에 난감하며, 또 다른 절반은 실제로 부당한 업무를 떠안게 된 경우지만 '해결 방법이 마땅치 않기 때문'입니다.

「초·중등교육법」 제20조 제1항에 따라 교장은 교무를 총괄하고, 민원 처리를 책임지며, 소속 교직원을 지도·감독하며, 학생을 교육합니다. 따라서 사실상 업무분장은 철저하게 학교장의 재량 범위에 있고, 업무분장을 마음에 들지 않게 했다고 위법한 것은 아닙니다.

다만, 많은 교육청에서 민주적인 학교를 만들기 위해 노력하고 있고, 학교장이 독단적으로 의사결정을 하지 않도록 권고하고 있습니다. 따라서 만약 자신이 현저하게 부당한 업무를 배정받았다고 생각한다면, 교직원회의 등을 통해 전체 교직원의 의견을 듣는 자리를 마련해달라고 요청하는 방식으로 문제를 해결해가는 것을 권장합니다.

사립학교의 임용 취소

사례A 경기도 모 사립 중학교의 교원으로 채용되어 각 3년, 5년씩 근무한 ㄱ교사와 ㄴ교사는 어느 날 청천벽력 같은 소리를 들었습니다. 자신들을 채용할 당시 인사위원회가 열리지 않은 사실이 교육청 감사 결과 발각되어, 자신들에 대한 임용이 취소된다는 것입니다.

ㄱ교사와 ㄴ교사는 황당할 수밖에 없습니다. 자신들은 채용 절차에 따라 지원하여 채용되었을 뿐이고, 학교가 인사위원회를 개최했는지 여부는 알 수 없었기 때문입니다. 이후 두 교사는 교원소청심사위원회에 소청을 신청했지만 기각되었고, 깊은 절망감을 느낀 ㄴ교사는 더이상 소송을 하는 것은 무의미하다면서 학교를 떠났습니다.

ㄱ교사는 교원단체의 지원을 받아 교원소청심사위원회의 결정을 취소하는 행정소송을 진행했는데, 1심·2심·3심에서 모두 승소해 결국 학교로 복직할 수 있게 되었습니다. 판례는 인사위원회를 개최하지 않은 절차적인 하자로 인하여 교원의 임용 계약이 당연 무효가 되지 않는다고 판단했습니다.

사례B 공립학교 교사로 근무하던 ㄷ교사는 모 사립학교의 공모교장 공고에 지원하여 최종 합격했습니다. 이에 따라 국가공무원직을 의원면직하고 지금까지 납부한 공무원연금을 일시금으로 인출받아 사학연금으로 전환했습니다.

그런데 교장으로 근무한 지 몇 개월 후 교육청 감사 결과 ㄷ교사를 임용할 당시 이사회에 하자가 있는 것이 밝혀졌고, 이에 따라 교육청은 ㄷ교사에 대한 교장 임용이 무효라며 교장 임면 보고를 반려했습니다. 만약 교장 임용이 무효라면, 이미 국가공무원직을 그만둔 ㄷ교사는 하루아침에 직장을 잃게 됩니다. 뿐만 아니라 ㄷ교사가 사립학교 교원으로 근무한 적이 없게 되므로(법적으로 '무효'는 처음부터 법적 효과가 없었던 것이 됩니다), 사학연금도 받을 수 없게 됩니다.

ㄷ교사 또한 사례A의 ㄱ, ㄴ교사와 마찬가지로 자신을 임용할 때 이사회가 열렸는지 알 수 없었고, 이사회가 개최되지 않은 데 아무런 귀책사유가 없습니다. 그럼에도 불구하고 이사회 의결이 없었다면 임용계약 자체가 무효라는 대법원의 판례˙에 따라 ㄷ교사에 대한 임용 자체가 무효가 되었습니다.

결국 공립학교 교사였던 ㄷ씨는 한순간에 직장도 잃고, 공무원연금도 받지 못하는 실업자 신세로 전락하고 말았습니다.

대처 정책적 해결에 힘을 모아주세요

1. 교원의 귀책사유가 없는데도 임용이 취소될까: 위의 두 사례를 보니 어떠신가요? 사립학교의 운영이 참으로 주먹구구식으로 이루어지고 있으며, 이로 인해 실질적으로 피해를 입는 것은 힘없는 교원이라는 사실을 알 수 있습니다. 사립학교 교원 임용의 공정성과 적절성을 확보

● 대법원 2005. 12. 22 선고 2005다 44299 판결

하려는 입법 목적은 충분히 이해되지만, 아무런 귀책사유 없는 교원에게 그 책임과 결과를 전가하는 것은 분명 문제입니다.

사실 사립학교 임용을 준비하거나 사립학교에서 근무 중인 분들이 이와 같은 일을 실질적으로 예방할 방법을 찾기는 마땅찮습니다. 교사가 학교재단 측에 "제가 임용될 당시 인사위원회가 적법하게 개최되었나요?"라고 확인하기는 어렵기 때문입니다.

그러나 위와 같은 사례는 경기도에서만 해도 여러 학교에서 발생한 사안이고, 심지어 10명이 넘는 교원들의 임용이 무효가 된 학교도 있습니다. 교육청에서 감사를 하지 않아 아직 무효인 것이 드러나지 않은 학교도 많습니다.

2. 이런 상황에서 교원이 구제받을 방법이 있을까: 실제로 이런 일을 겪은 선생님들은 극심한 우울감에 시달리고 있습니다. 특히 이 과정에서 잘못을 한 학교재단이나 감독 책임이 있는 교육청은 책임을 지지 않고, 교사 개인에게 모든 책임을 지우는 것에 가장 큰 무력감을 느낀다고 하십니다.

법적으로는 민사소송을 통한 손해배상 정도의 구제 방법밖에 없는데, 사실 '무효인 임용에 대한 손해배상'은 법리적으로 매우 구성하기 어려운 주장인지라 소송 중에도 끝없는 고통에 시달려야 합니다. 이 문제는 정책적으로 해결해야 할 사안으로 보이며, 저도 국회 교육위 소속 의원들에게 의견을 제시하는 등 나름의 활동을 하고 있습니다.

4부

Q&A로 알아보는
학교생활 필수 법률

Q 저는 중학교에 근무하는 교사입니다. 요즘 유튜브 채널을 운영하는 선생님들이 많은데, 저도 유튜브를 통해 학생들과 소통하고 교육 노하우를 공유하고 싶습니다.

그런데, 인터넷 댓글을 보니 교사는 유튜브로 광고수익을 창출하거나 영리활동을 하면 안 된다고 하네요. 제가 어떤 절차로 유튜브를 운영해야 하고, 어떤 점을 유의해야 할지 궁금합니다.

A 「국가공무원법」은 제64조 제1항에서 "공무원은 공무 외에 영리를 목적으로 하는 업무에 종사하지 못하며 소속 기관장의 허가 없이 다른 직무를 겸할 수 없다"고 규정하면서, 제2항에서 "제1항에 따른 영리를 목적으로 하는 업무의 한계는 대통령령 등으로 정한다"고 했습니다.

즉, 원칙적으로 모든 공무원은 영리를 목적으로 하는 업무에 종사하지 못하며, 영리를 목적으로 하지 않는 업무라 해도 소속 기관장에게 겸직 허가를 받아야 합니다.

여기서 '영리를 목적으로 하는 업무'가 무엇인가에 대해서는 대통령령인 '국가공무원 복무규정'에서 다음과 같이 규정하고 있습니다.

'국가공무원 복무규정' 제25조(영리 업무의 금지)

공무원은 다음 각 호의 어느 하나에 해당하는 업무에 종사함으로써 공무원의 직무 능률을 떨어뜨리거나, 공무에 대하여 부당한 영향을 끼치거나, 국가의 이익과 상반되는 이익을 취득하거나, 정부에 불명예스러운 영향을 끼칠 우려가 있는 경우에는 그 업무에 종사할 수 없다.

1. 공무원이 상업, 공업, 금융업 또는 그 밖의 영리적인 업무를 스스로 경영하여 영리를 추구함이 뚜렷한 업무
2. 공무원이 상업, 공업, 금융업 또는 그 밖에 영리를 목적으로 하는 사기업체私企業體의 이사·감사 업무를 집행하는 무한책임사원·지배인·발기인 또는 그 밖의 임원이 되는 것
3. 공무원 본인의 직무와 관련 있는 타인의 기업에 대한 투자
4. 그 밖에 계속적으로 재산상 이득을 목적으로 하는 업무

위 법 조항과 '국가공무원 복무에 관한 예규'에 따라, 소속 기관장의 겸직 허가가 있다면 수익이 창출되는 영리활동이라고 해도 겸직을 할 수 있습니다. 유튜브가 등장하기 이전에 교사들이 가장 활발히 했던 겸직 활동으로 문예 창작이나 미술 작품 활동이 있습니다.

교사들의 유튜브 활동이 활발해지면서 "교사가 왜 업무 시간 중에 개인 유튜브 방송을 촬영하느냐?" 같은 민원이 많이 발생하고 있습니다. 학교장의 겸직 허가를 받았다고 해도 업무 시간

중에 유튜브에 올리기 위한 동영상 촬영을 하는 것은 삼가야 합니다. 성실 의무 위반 등을 이유로 징계 사유가 될 수 있기 때문입니다.

또한 학생들의 초상권 침해도 조심해야 합니다. 간혹 교사들의 유튜브에 학생들의 얼굴이 가감 없이 노출되는 경우가 있는데, 미성년자인 학생 본인의 동의뿐만 아니라 보호자의 동의를 얻지 않은 얼굴 노출은 초상권 침해가 되므로 유의해야 합니다.

교육부가 발표한 '교원 유튜브 활동 복무지침'의 주요 내용은 다음과 같습니다.

- 자기주도적 학습 지원, 학생 교육활동 사례 공유 등 공익적 성격의 교육 관련 유튜브 활동은 장려할 방침이다.
  - 아울러, 근무 시간 외의 취미, 여가, 자기계발 등 사생활 영역의 유튜브 활동은 원칙적으로 규제 대상이 아니라고 판단했다.
  - 다만, 불특정 다수에게 공개되는 특성을 고려하여 직무 내외를 불문하고 교원으로서 품위를 손상시키는 행위는 금지된다.
- 광고수익 발생 최소 요건에 도달하면 겸직 허가를 받아야 한다. (광고수익 발생 최소 요건은 구글이 현재 광고 계약 동반자로 인정하는 최소 요건, 유튜브 채널 구독자 1,000명 이상, 연간 영상 총 재생 시간 4,000시간 이상, 지난 90일간 공개 Shorts 동영상의 조회수 1,000만 회를 뜻한다.)
  - 겸직 허가권자는 유튜브 활동의 목적과 내용 등을 구체적으로 심

사하여 허가 기준에 부합하고 본연의 직무 수행에 지장이 없는 경우 겸직을 허가할 수 있다.

- 광고수익 발생 요건에 도달하지 않는다면 겸직 신고 대상이 아니지만, 겸직과 별개로 「국가공무원법」, '국가공무원 복무규정'을 위반하는 행위는 금지된다.

● 교육부 복무지침에서 정하지 않은 세부 기준은 복무 감독 권한이 있는 교육감이 자체적으로 추가 마련하여 시행할 수 있다.

● 교원 유튜브 활동 복무지침은 국공립학교 교원뿐만 아니라 사립학교 교원, 계약제 교원에게도 동일하게 적용된다.

● 아울러, 유튜브와 유사한 형태로 운영되는 다른 온라인 동영상 서비스의 경우, 본 지침이 준용될 수 있다.

- 직무 내외를 불문하고 업체 등으로부터 협찬 등을 받아 특정 상품을 직·간접적으로 홍보함으로써 금전, 물품 등을 취득하는 행위 금지

- 유튜브 라이브 방송을 통해 금전적 이득을 취득하는 행위 금지

Q 저는 올해 초등학교 2학년 담임을 맡게 된 3년차 교사입니다. 학교 업무 익히랴, 학생들 챙기랴 정신이 없는데요. 저를 가장 힘들게 하는 것은 다름 아닌 학부모의 카톡입니다. "내일 준비물이 무엇이냐", "우리 아이가 점심을 잘 먹었느냐" 등등 궁금한 것이 생길 때마다 카카오톡 메시지를 보내시는데, 심지어 주말이나 밤늦은 시간에도 메시지가 올 때가 있습니다. 과연 제가 어디까지 답변해야 하는 건가요?

A 요즘은 학부모의 과도한 연락 때문에 업무용 휴대폰을 별도로 쓰거나 투넘버 서비스를 이용하는 교사들이 늘고 있습니다. 밤늦게 연락을 하거나, 심지어 새벽에 게임 초대를 하는 학부모도 있기 때문입니다.

여기에서는 교사가 학부모의 연락을 전면적으로 거절하기 어려운 상황에서, 어디까지가 교사의 의무인지 설명하겠습니다.

가끔 인터넷 커뮤니티 등에는 "공무원인 자신이 불친절하다는 민원이 들어왔는데, 왜 친절하기까지 해야 하나?"는 성토가 올라옵니다. 그런데 이러한 불만은 「국가공무원법」을 간과한 것으로 적절하지 못한 표현입니다.

「국가공무원법」제59조에서는 "공무원은 국민 전체의 봉사자로서 친절하고 공정하게 직무를 수행하여야 한다"고 공무원의 친절 의무를 규정하고 있습니다. 따라서 공무원은 법으로 친절 의무가 주어진 직종이고, 이를 어기는 것은 충분히 징계 사유가 됩니다.

교사의 경우, 일반직 공무원과 달리 미성년자인 학생을 교육하는 것이 공무입니다. 필연적으로 미성년자의 보호자인 학부모와 연락을 주고받을 수밖에 없습니다. 따라서 업무 시간 중에 학부모의 연락을 일부러 회피하거나 불친절하게 대응한다면 징계 사유가 될 수 있습니다.

그러나 문제는 업무 시간 외에 학부모가 연락을 할 때입니다.

공무원에게 업무 시간 외에 민원인의 전화를 받을 의무가 없듯, 교사에게도 업무 시간 이외에 학부모의 연락을 받을 의무는 없습니다. 때문에 요즘 많은 학교에서는 학교장의 판단에 의하여 교사의 휴대폰 번호를 학부모에 알리지 않고, 학교 전화를 통해서만 연락할 수 있도록 하는 등의 노력을 하고 있습니다.

학부모의 연락을 어디까지 감당해야 하는지 고민하시는 신규 교사들이 많습니다. 업무 시간 중에 친절하고 성실하게 연락을 받으면 충분하므로, 너무 걱정하실 필요 없습니다.

Q 저는 병설유치원에 근무하는 교사입니다. 얼마 전 원아들이 모두 귀가한 후 교실에서 수업 자료를 만들고 있었습니다. 그런데 갑자기 학교 앞에서 떡집을 운영하시는 학부모님께서 오늘 예약이 취소되어 떡이 많이 남았다며, 교직원들끼리 나눠 드시라고 떡을 잔뜩 두고 가셨습니다. 워낙 순식간에 일어난 일이라 얼떨결에 받긴 했는데, 교장선생님께서는 '김영란법'에 위반된다며 즉각 반환해야 한다고 하시네요. 이런 경우까지 '김영란법'에 저촉되는 건지 궁금합니다.

A 흔히 '김영란법'이라고 불리는 법의 정식 명칭은 「부정청탁 및 금품 등 수수의 금지에 관한 법률」입니다. 줄여서 「청탁금지법」이라고도 불리죠. 사립학교 교원을 포함해서, 교원이라면 누구나 제대로 알아야 하는 법입니다.

많은 선생님들이 「청탁금지법」에 대해 '3만 원 이하면 괜찮지 않은가', '돌려줬으면 상관없는 것 아닌가'라고 생각하십니다. 그렇지만 이것은 오해입니다.

여기서는 「청탁금지법」의 주요 조항을 소개하고, 이를 교원에 적용하여 설명하도록 하겠습니다.

1) 금품 수수 없는 청탁의 경우

「청탁금지법」 제5조(부정청탁의 금지)

① 누구든지 직접 또는 제3자를 통하여 직무를 수행하는 공직자 등에게 다음 각 호의 어느 하나에 해당하는 부정청탁을 해서는 아니 된다.

3. 채용·승진·전보 등 공직자 등의 인사에 관하여 법령을 위반하여 개입하거나 영향을 미치도록 하는 행위

4. 법령을 위반하여 각종 심의·의결·조정위원회의 위원, 공공기관이 주관하는 시험·선발위원 등 공공기관의 의사결정에 관여하는 직위에 선정 또는 탈락되도록 하는 행위

5. 공공기관이 주관하는 각종 수상, 포상, 우수기관 선정 또는 우수자 선발에 관하여 법령을 위반하여 특정 개인·단체·법인이 선정 또는 탈락되도록 하는 행위

위 조항은 '부정청탁'을 금지하는 것이므로, 교사도 위반 주체가 될 수 있습니다. 예를 들어 A교사가 ㄱ학교의 공모교사 모집에 지원했는데, 만약 ㄱ학교의 교장에게 자신을 뽑아달라고 미리 연락을 한다면, 이 법 제3호에 해당하여 부정청탁이 됩니다. 「청탁금지법」은 위와 같이 '청탁을 하기만 해도' 위법이 되므로 조심해야 합니다.

이때 청탁을 받은 사람, 즉 ㄱ학교의 교장은 어떨까요? 위의 예에서 ㄱ학교 교장이 청탁을 받았을 때까지는 문제가 없습

니다. 그러나 청탁을 받은 후 실제로 A교사에게 유리한 면접 점수를 주어 선발한다면 제6조에 따라 ㄱ학교 교장도 「청탁금지법」 위반 행위를 한 것이 됩니다.

「청탁금지법」 제6조(부정청탁에 따른 직무 수행 금지)
부정청탁을 받은 공직자 등은 그에 따라 직무를 수행해서는 아니 된다.

그렇다면, ㄱ학교의 교장은 A교사의 청탁을 받고 어떻게 행동해야 할까요?

「청탁금지법」 제7조(부정청탁의 신고 및 처리)
① 공직자 등은 부정청탁을 받았을 때에는 부정청탁을 한 자에게 부정청탁임을 알리고 이를 거절하는 의사를 명확히 표시하여야 한다.
② 공직자 등은 제1항에 따른 조치를 하였음에도 불구하고 동일한 부정청탁을 다시 받은 경우에는 이를 소속 기관장에게 서면(전자문서를 포함한다. 이하 같다)으로 신고하여야 한다.
③ 제2항에 따른 신고를 받은 소속 기관장은 신고의 경위·취지·내용·증거 자료 등을 조사하여 신고 내용이 부정청탁에 해당하는지를 신속하게 확인하여야 한다.

부정청탁을 받은 자는 즉시 거절 의사를 밝혀야 합니다. 거절

의사를 밝혔음에도 다시 청탁을 받은 경우 지체 없이 소속 기관 장에게 신고해야 합니다. 만약 이런 신고 절차를 거치지 않을 경 우「청탁금지법」제21조에 따라 징계를 받게 될 수 있습니다.

2) 금품 수수가 있었을 경우

「청탁금지법」제8조(금품 등의 수수 금지)

① 공직자 등은 직무 관련 여부 및 기부·후원·증여 등 그 명목에 관계 없이 동일인으로부터 1회에 100만 원 또는 매 회계연도에 300만 원을 초과하는 금품 등을 받거나 요구 또는 약속해서는 아니 된다.

② 공직자 등은 직무와 관련하여 대가성 여부를 불문하고 제1항에서 정한 금액 이하의 금품 등을 받거나 요구 또는 약속해서는 아니 된다.

③ 제10조의 외부 강의 등에 관한 사례금 또는 다음 각 호의 어느 하 나에 해당하는 금품 등의 경우에는 제1항 또는 제2항에서 수수를 금 지하는 금품 등에 해당하지 아니한다.

  1. 공공기관이 소속 공직자 등이나 파견 공직자 등에게 지급하거나 상급 공직자 등이 위로·격려·포상 등의 목적으로 하급 공직자 등 에게 제공하는 금품 등

  2. 원활한 직무 수행 또는 사교·의례 또는 부조의 목적으로 제공되는 음식물·경조사비·선물 등으로서 대통령령으로 정하는 가액 범위 안의 금품 등

  3. 사적 거래(증여는 제외한다)로 인한 채무의 이행 등 정당한 권원權原

에 의하여 제공되는 금품 등

4. 공직자 등의 친족(민법 제777조에 따른 친족을 말한다)이 제공하는 금품 등

5. 공직자 등과 관련된 직원상조회·동호인회·동창회·향우회·친목회· 종교단체·사회단체 등이 정하는 기준에 따라 구성원에게 제공하는 금품 등 및 그 소속 구성원 등 공직자 등과 특별히 장기적·지속적인 친분관계를 맺고 있는 자가 질병·재난 등으로 어려운 처지에 있는 공직자 등에게 제공하는 금품 등

6. 공직자 등의 직무와 관련된 공식적인 행사에서 주최자가 참석자에게 통상적인 범위에서 일률적으로 제공하는 교통, 숙박, 음식물 등의 금품 등

7. 불특정 다수인에게 배포하기 위한 기념품 또는 홍보용품 등이나 경연·추첨을 통하여 받는 보상 또는 상품 등

8. 그 밖에 다른 법령·기준 또는 사회상규에 따라 허용되는 금품 등

④ 공직자 등의 배우자는 공직자 등의 직무와 관련하여 제1항 또는 제2항에 따라 공직자 등이 받는 것이 금지되는 금품 등(이하 "수수 금지 금품 등"이라 한다)을 받거나 요구하거나 제공받기로 약속해서는 아니 된다.

⑤ 누구든지 공직자 등에게 또는 그 공직자 등의 배우자에게 수수 금지 금품 등을 제공하거나 그 제공의 약속 또는 의사표시를 해서는 아니 된다.

공무원은 어떤 이유로든 동일인으로부터 1회에 100만 원 또는 매 회계연도에 300만 원을 초과하는 금품을 받거나 요구 또는 약속을 해서는 안 됩니다. 예를 들어, 어떤 교사가 결혼을 할 때 직무와 직접 관계없는 학교 동창회장이 100만 원을 초과한 축의금을 주었다면 이는 위법이 됩니다.

이는 직무와 관계가 없거나 대가성이 없다고 해도 적용되는 것으로, 예전에는 직무 관련성이 없을 때는 금품을 수수해도 처벌하지 않았지만, 이제는 위법이 되어 처벌을 하게 된 것입니다.

만약 직무와 관계있는 사람이라면, '100만 원 이하'라 해도 금액과 상관없이 금품을 일체 받으면 안 됩니다. 교사의 경우 학생을 평가하는 입장에 있기 때문에 학생, 학부모 모두에게 일체의 금품을 받을 수 없습니다. 법 조항으로 따진다면 500원짜리 생수 하나도 받으면 안 됩니다(졸업생의 경우 더 이상 직무와 관계있는 사람이 아니므로 100만 원 이하의 금품을 받을 수 있습니다). 앞서 떡과 관련된 질문을 주신 유치원 선생님의 경우, '떡 정도는 사회상규상 받아도 되지 않나' 생각하실 수 있겠으나, 학부모는 '업무와 직접 관련된 자'이기 때문에 가격과 상관없이 음식물을 받으시면 안 됩니다.

또한 공무원의 배우자도 공무원 본인과 같은 지위에 있다고 생각해야 하므로, 교사의 배우자에게 금품을 제공해도 교사에게 직접 제공한 것과 동일한 효과가 발생합니다.

3) 수수 금지 금품 등의 신고 및 처리 방법

그렇다면, 원치 않는 금품을 수수하게 된 경우에는 어떻게 처리해야 할까요?

「청탁금지법」 제9조(수수 금지 금품 등의 신고 및 처리)

① 공직자 등은 다음 각 호의 어느 하나에 해당하는 경우에는 소속 기관장에게 지체 없이 서면으로 신고하여야 한다.

  1. 공직자 등 자신이 수수 금지 금품 등을 받거나, 그 제공의 약속 또는 의사표시를 받은 경우

  2. 공직자 등이 자신의 배우자가 수수 금지 금품 등을 받거나 그 제공의 약속 또는 의사표시를 받은 사실을 안 경우

② 공직자 등은 자신이 수수 금지 금품 등을 받거나 그 제공의 약속이나 의사표시를 받은 경우 또는 자신의 배우자가 수수 금지 금품 등을 받거나 그 제공의 약속이나 의사표시를 받은 사실을 알게 된 경우에는 이를 제공자에게 지체 없이 반환하거나 반환하도록 하거나 그 거부의 의사를 밝히거나 밝히도록 하여야 한다. 다만, 받은 금품 등이 다음 각 호의 어느 하나에 해당하는 경우에는 소속 기관장에게 인도하거나 인도하도록 하여야 한다.

  1. 멸실·부패·변질 등의 우려가 있는 경우

  2. 해당 금품 등의 제공자를 알 수 없는 경우

  3. 그 밖에 제공자에게 반환하기 어려운 사정이 있는 경우

「청탁금지법」 제9조에 따라, 금품을 수수받거나 약속받게 된 경우 ① 이를 지체 없이 반환하거나 거부 의사를 밝히고, ② 소속 기관장에게 서면으로 신고해야 합니다.

예를 들어 이런 경우입니다. 학부모가 교실로 상담을 와서는 학생과 관련된 자료를 제공한다며 A4파일을 두고 나갔습니다. 학부모가 돌아간 후 파일을 살펴보았는데 상품권이 그 사이에 끼워져 있습니다. 이럴 때는,

1) 발견 즉시 문자메시지로 상품권을 돌려주겠다고 남깁니다. 증거를 남기기 위해, 전화보다는 문자메시지를 활용하는 것을 추천합니다.

2) 이후 학교 청탁관리 담당관인 학교장에게 서면으로 해당 사실을 신고해야 합니다.

이 두 가지 절차 중 어느 한 가지라도 하지 않으면 「청탁금지법」 위반이 되며, 별도로 징계 사유가 될 수 있습니다.

다음은 이와 관련된 실제 사례입니다.

학교장 A씨는 다른 학교로 전근을 가게 된 ㄱ교사의 송년회 자리에서 그동안 감사했다는 인사와 함께 시가 38,000원 정도의 넥타이를 선물 받았습니다. A교장은 소속 교사로부터 어떠한 선물도 받을 수 없다며 선물을 거절했고, 이를 교무부장 B씨에게 전달하여 되돌려주도록 했습니다.

그러나 며칠 후 A교장은 황당한 전화를 받았습니다. 교육청 감사과

에 「청탁금지법」 위반 제보가 들어왔으니, 감사를 진행하겠다는 전화였습니다. 감사 결과, A교장이 선물을 돌려주었으나 즉시 신고해야 하는 의무를 이행하지 않았다는 이유로 견책의 징계가 의결되었습니다.

A교장은 다른 학교로 전근 가는 ㄱ교사가 피해를 입을까봐 굳이 신고하지 않고 넥타이를 돌려주는 선에서 마무리한 것이지만, 그러한 사정은 전혀 고려되지 않았습니다.

| 예시 6 | **교육부 부정청탁 및 금품 등 수수의 신고사무 처리지침에 따른 신고 양식**

신고서(자진 신고용)

접수번호		접수일자		처리일자	

신고자	성명		주민등록번호	
	소속		연락처	
	주소			

부정청탁을 하거나 금품을 제공한 자	성명			
	직업(소속)		연락처	
	주소			
	법인·단체 등의 경우	명칭		
		소재지		
		대표자 성명		

신고 취지 및 이유		
내용	일시	
	장소	
	내용(금품 등 수수의 경우 그 종류 및 가액)	
금품 등 반환 여부 및 방법	반환 여부	
	반환 일시·장소 및 방법(반환한 경우)	
증거 자료		
비고		

위와 같은 사실을 신고합니다.

년 월 일

신고자 (서명 또는 인)

○○○장 귀하

Q 저는 초등학교 교사입니다. 이제 5년차인지라 어지간한 학교 일은 알아서 잘 처리하고 있습니다. 그런데, 올해 담임을 맡게 된 학생이 총 4가지 식품군에 알레르기가 있다는 것을 알고 큰 근심이 생겼습니다. 급식을 먹겠다고 하는데, 제가 어떤 점을 유의해야 할까요?

A 담임으로서는 식품 알레르기를 가진 학생이 있으면 급식지도 등 학급운영이 매우 조심스러울 수밖에 없습니다. 알레르기가 있는 학생도 학교급식을 원활히 먹을 수 있도록 돕는 것이 교육자의 의무이겠지만, 한편으로는 조금의 실수만 있어도 바로 소송으로 이어지는 것이 현실이기 때문입니다.

만약 특정 식품군 한두 가지에만 알레르기 증상이 있다면 그 정도는 괜찮습니다. 그러나 그 이상의 식품에 알레르기 증상이 있는 학생이 있다면, 그때부터는 교사가 감당하기 어려워집니다. 담임교사 1인이 반 전체 학생의 급식 지도를 해야 하는 상황에서, 소량이라도 알레르기 반응 음식을 먹게 되는 것은 아닌지 매일 확인하는 것은 여간 힘든 일이 아니기 때문입니다. 교사의 육안으로는 어떤 재료가 들어간 것인지 확인하기 불가능한 경우도 있으니까요.

요즘은 영양 교사가 식단을 미리 공지하고, 식단에 들어간 모든 식재료를 공개하기는 합니다. 하지만 급식실 환경상 알레르기 유발 식품과 기타 식재료들이 동일한 공간에서 조리되기 때문에 교차반응을 일으킬 우려도 있습니다. 교차 항원성 식품까지 일일이 배제하여 대체식을 제공할 경우, 학생은 맨밥만 먹어야 하는 날도 발생합니다.

실제로 인천의 한 학교에서 유제품 알레르기가 있는 학생이 카레 속에 들어간 우유 때문에 아나필락시스 쇼크로 사망한 사례가 있었습니다. 학생의 학부모가 담임교사에게 민사소송을 제기했고, 법원은 1,700만 원의 손해배상액을 인정했습니다.

그렇다면, 담임교사는 어떤 대비를 해야 할까요?

1) 조사: 학기 초 학부모에게 학생의 알레르기 유발 식품군을 조사합니다. 이때 예전에 쇼크가 온 적이 있는지, 당시 어떤 증상이 나타났는지, 학교에 부탁하는 점은 무엇인지 함께 적도록 합니다.

2) 안내 및 녹취: 학교급식의 특성상 다른 식재료와 함께 조리되므로 교차반응을 일으킬 가능성도 있는 점, 미리 제공되는 식단표를 보고 가정에서도 따로 학생에게 지도를 해달라는 당부 등의 주의사항을 알리고 통화 내용을 녹취합니다.

3) 급식 지도: 학생들의 경우 자신에게 알레르기가 있음을 알고 있어도 다른 학생들이 맛있게 먹는 것을 보고 따라 먹는 경우가 종종 있습니다. 담임교사도 항상 식단표를 확인하고, 학생

이 먹어서는 안 될 반찬을 미리 확인해두는 것이 좋습니다. 업무 일지에 적극적으로 이러한 사실들을 적어두세요. 혹시 사고가 발생하더라도 평소 선생님이 주의를 기울였던 사실이 손해배상액의 산정에 참작 사유가 될 수 있습니다.

4) 사고 발생 시: 즉시 보건 교사에게 연락하고, 학생을 응급실로 이송해야 합니다. 학생 상태가 경미해 보인다고 그대로 뒀다가는 사망 사고가 발생할 수도 있습니다. 병원으로 이송하면서 학부모에게도 즉시 고지해야 합니다.

알레르기 증상을 가진 학생이 있을 경우 조심해야 할 것은 비단 급식만이 아닙니다. 어린 학생들의 경우 식품군을 직접 섭취하지 않고 주머니 속에 넣고만 있어도 반응을 일으키는 경우가 있습니다. 따라서 우유팩 등의 재활용품을 활용하는 수업을 하거나, 밀가루 반죽 같은 실습을 하거나, 콩주머니로 박 터뜨리기를 하거나, 호두로 숫자 세기를 하는 등 식품을 이용한 수업을 할 때는 특별히 유의해야 합니다.

Q 저는 중학교 교사입니다. 얼마 전 학부모가 인터넷 카페에 저에 대한 명예훼손성 글을 올려 교감선생님께 교육활동 침해 신고를 했습니다. 그런데 교감선생님은 학부모가 글을 올린 시간이 밤 10시였기 때문에 '교육활동 중인 교사'에 대한 침해 행위가 아니라며 교권보호위원회를 열어봤자 의미가 없다고 하십니다. 교감선생님 말씀이 맞는지 궁금합니다.

A 지역교권보호위원회는 「교원지위법」 제18조에 의하여 고등학교 이하 각급 학교 교원의 교육활동 보호에 관한 사항을 심의하기 위하여 교육지원청에 설치된 기구입니다. 지역교권보호위원회에서는 교원이 교육활동을 침해당했을 때(교권 침해를 당했을 때), 그 조치를 결정하게 됩니다.

앞서 2부에서 구체적인 사례를 들어 설명했지만, 여기에서는 법령 해석을 중심으로 다시 한 번 '교권 침해'에 대해 설명하겠습니다. 「교원지위법」에서는 교육활동 침해 행위에 대하여 다음과 같이 규정하고 있습니다.

「교원지위법」 제19조(교육활동 침해 행위)

이 법에서 "교육활동 침해 행위"란 고등학교 이하 각급 학교에 소속

된 학생 또는 그 보호자(친권자, 후견인 및 그 밖에 법률에 따라 학생을 부양할 의무가 있는 자를 말한다. 이하 같다) 등이 교육활동 중인 교원에 대하여 다음 각 호의 어느 하나에 해당하는 행위를 하는 것을 말한다.

1. 다음 각 목의 어느 하나에 해당하는 범죄 행위

    가. 형법 제2편 제8장(공무방해에 관한 죄), 제11장(무고의 죄), 제25장(상해와 폭행의 죄), 제30장(협박의 죄), 제33장(명예에 관한 죄), 제314조(업무방해) 또는 제42장(손괴의 죄)에 해당하는 범죄 행위

    나. 「성폭력범죄의 처벌 등에 관한 특례법」 제2조 제1항에 따른 성폭력범죄 행위

    다. 「정보통신망 이용촉진 및 정보보호 등에 관한 법률」 제44조의7 제1항에 따른 불법정보 유통 행위

    라. 그 밖에 다른 법률에서 형사처벌 대상으로 규정한 범죄 행위로서 교원의 교육활동을 침해하는 행위

2. 교원의 교육활동을 부당하게 간섭하거나 제한하는 행위로서 다음 각 목의 어느 하나에 해당하는 행위

    가. 목적이 정당하지 아니한 민원을 반복적으로 제기하는 행위

    나. 교원의 법적 의무가 아닌 일을 지속적으로 강요하는 행위

    다. 그 밖에 교육부장관이 정하여 고시하는 행위

위 조항은 교육활동 침해 행위의 주체가 누구인지, 보호 대상이 누구인지, 어떤 행위가 교육활동 침해 행위가 되는지에 관한 모든 내용을 담고 있습니다.

1) 가해자와 피해자

먼저, 이 법의 보호 대상은 '고등학교 이하 각급 학교' 교원입니다. 따라서 대학 교수는 이 법의 보호 대상이 되지 않지만, 사립학교 교원은 해당됩니다.

다음으로 교육활동 침해 행위의 주체(가해자)는 소속 학교의 '학생 또는 그 보호자 등'입니다. 따라서 문리적인 해석에 따르면, 보호자가 아닌 제3자, 동료 교원, 관리자 등도 가해자가 될 수 있습니다.

2) 교육활동 침해 행위

「교원지위법」제19조 제1호 가목은 형법 제2편 제8장(공무방해에 관한 죄), 제11장(무고의 죄), 제25장(상해와 폭행의 죄), 제30장(협박의 죄), 제33장(명예에 관한 죄), 제314조(업무방해) 또는 제42장(손괴의 죄)에 해당하는 범죄 행위가 교육활동 침해 행위가 된다고 규정하고 있습니다. 형법을 살펴보면 각 장별로 각 조의 죄가 묶여 있습니다.

제8장(공무방해에 관한 죄)에는 공무집행방해, 위계에 의한 공무집행방해 등의 죄가 포함되어 있고, 제11장(무고의 죄)에는 무고죄가 포함되어 있으며, 제25장(상해와 폭행의 죄)에서는 상해, 중상해, 특수상해, 상해치사, 폭행, 특수폭행, 폭행치사상을 묶어두고 있으므로, 이 죄들은 모두 교육활동 침해 행위가 됩니다. 제30장(협박의 죄)에 속한 죄로는 협박, 특수협박이 있고, 제33장

(명예에 관한 죄)에 따라 명예훼손, 사자 명예훼손, 출판물 등에 의한 명예훼손, 모욕죄가 있습니다. 또한 제42장(손괴의 죄)에 속한 죄인 재물손괴, 공익건조물파괴, 중손괴, 특수손괴, 경계침범죄까지 교육활동 침해 행위가 될 수 있습니다.

그다음으로, 「교원지위법」 제19조 제1호 나목에서는 「성폭력범죄의 처벌 등에 관한 특례법」 제2조 제1항에 따른 성폭력범죄 행위를 교육활동 침해 행위로 규정하고 있습니다.

「성폭력범죄의 처벌 등에 관한 특례법」 제2조(정의)

① 이 법에서 "성폭력범죄"란 다음 각 호의 어느 하나에 해당하는 죄를 말한다.

1. 형법 제2편 제22장 성풍속에 관한 죄 중 제242조(음행매개), 제243조(음화반포 등), 제244조(음화제조 등) 및 제245조(공연음란)의 죄

2. 형법 제2편 제31장 약취略取, 유인誘引 및 인신매매의 죄 중 추행, 간음 또는 성매매와 성적 착취를 목적으로 범한 제288조 또는 추행, 간음 또는 성매매와 성적 착취를 목적으로 범한 제289조, 제290조(추행, 간음 또는 성매매와 성적 착취를 목적으로 제288조 또는 추행, 간음 또는 성매매와 성적 착취를 목적으로 제289조의 죄를 범하여 약취, 유인, 매매된 사람을 상해하거나 상해에 이르게 한 경우에 한정한다), 제291조(추행, 간음 또는 성매매와 성적 착취를 목적으로 제288조 또는 추행, 간음 또는 성매매와 성적 착취를 목적으로 제289조의 죄를 범하여 약

취, 유인, 매매된 사람을 살해하거나 사망에 이르게 한 경우에 한정한다),

제292조(추행, 간음 또는 성매매와 성적 착취를 목적으로 한 제288조 또

는 추행, 간음 또는 성매매와 성적 착취를 목적으로 한 제289조의 죄로 약

취, 유인, 매매된 사람을 수수授受 또는 은닉한 죄, 추행, 간음 또는 성매매와

성적 착취를 목적으로 한 제288조 또는 추행, 간음 또는 성매매와 성적 착

취를 목적으로 한 제289조의 죄를 범할 목적으로 사람을 모집, 운송, 전달

한 경우에 한정한다) 및 제294조(추행, 간음 또는 성매매와 성적 착취를

목적으로 범한 제288조의 미수범 또는 추행, 간음 또는 성매매와 성적 착취

를 목적으로 범한 제289조의 미수범, 추행, 간음 또는 성매매와 성적 착취

를 목적으로 제288조 또는 추행, 간음 또는 성매매와 성적 착취를 목적으로

제289조의 죄를 범하여 발생한 제290조 제1항의 미수범 또는 추행, 간음

또는 성매매와 성적 착취를 목적으로 제288조 또는 추행, 간음 또는 성매매

와 성적 착취를 목적으로 제289조의 죄를 범하여 발생한 제291조 제1항의

미수범 및 제292조 제1항의 미수범 중 추행, 간음 또는 성매매와 성적 착취

를 목적으로 약취, 유인, 매매된 사람을 수수, 은닉한 죄의 미수범으로 한정

한다)의 죄

3. 형법 제2편 제32장 강간과 추행의 죄 중 제297조(강간), 제297조

   의 2(유사강간), 제298조(강제추행), 제299조(준강간, 준강제추행), 제

   300조(미수범), 제301조(강간 등 상해·치상), 제301조의 2(강간 등 살

   인·치사), 제302조(미성년자 등에 대한 간음), 제303조(업무상위력 등에

   의한 간음) 및 제305조(미성년자에 대한 간음, 추행)의 죄

4. 형법 제339조(강도강간)의 죄 및 제342조(제339조의 미수범으로 한정

한다)의 죄

5. 이 법 제3조(특수강도강간 등)부터 제15조(미수범)까지의 죄

법 조항이 너무 복잡해서 이해하기 어려우실 겁니다. 위 조항은 우리가 알고 있는 거의 대부분의 성 관련 범죄를 규정해둔 것이므로 '교사를 상대로 한 성 관련 범죄'가 모두 교육활동 침해 행위가 된다고 생각하시면 됩니다.

위 제5호에 따라 '카메라 등 이용 촬영', '허위영상물 등의 반포', '촬영물 등을 이용한 협박·강요', '미수범'까지 처벌하고 있기 때문에, 이와 같은 행위를 하는 경우도 교육활동 침해 행위에 해당합니다. 최근 수업 시간에 여교사의 치마 속을 촬영하다가 걸린 학생들의 뉴스가 보도되어 국민적 공분을 산 적이 있었습니다. 이와 같은 행위도 교육활동 침해 행위가 되며, '미수에 그친 행위'도 교육활동 침해 행위가 될 수 있습니다.

그다음으로, 「교원지위법」 제19조 제1호 다목에서는 「정보통신망 이용 촉진 및 정보보호 등에 관한 법률」 제44조의 7 제1항에 따른 불법정보 유통 행위를 규정하고 있습니다.

「정보통신망 이용 촉진 및 정보보호 등에 관한 법률」 제44조의 7(불법정보의 유통금지 등)

① 누구든지 정보통신망을 통하여 다음 각 호의 어느 하나에 해당하

는 정보를 유통하여서는 아니 된다.

1. 음란한 부호·문언·음향·화상 또는 영상을 배포·판매·임대하거나 공공연하게 전시하는 내용의 정보

2. 사람을 비방할 목적으로 공공연하게 사실이나 거짓의 사실을 드러내어 타인의 명예를 훼손하는 내용의 정보

3. 공포심이나 불안감을 유발하는 부호·문언·음향·화상 또는 영상을 반복적으로 상대방에게 도달하도록 하는 내용의 정보

이 중 교원과 관련 있는 내용으로는 음란한 부호, 문언, 영상 등을 교원에게 보내거나, 온라인에서 명예훼손을 하거나, 공포심을 유발하는 부호·문언·영상 등을 반복적으로 보내는 행위를 들 수 있습니다. 이 중 가장 많은 교사들이 피해를 호소하는 것은 「정보통신망 이용촉진 및 정보보호 등에 관한 법률」상 명예훼손입니다. 최근에는 맘카페 등을 통해 사실 확인이 되지 않은 정보가 일파만파 퍼져나가는 경우가 많기 때문에 이로 인해 고통받는 교사가 많습니다. 한 번 퍼져나간 소문은 돌이키기 어렵기 때문에, 저는 피해를 입은 선생님들에게 주저 말고 고소하도록 권하는 편입니다.

다음으로 「교원지위법」 제19조 제1호 라목에서는 그 밖에 다른 법률에서 형사처벌 대상으로 규정한 범죄 행위로서 교원의 교육활동을 침해하는 행위를 규정하고 있습니다. 즉 앞서 살펴

본 가목, 나목, 다목의 범죄는 물론이고 그 외의 형사범죄까지 모두 교육활동 침해 행위로 인정받을 수 있는 것입니다.

또한 「교원지위법」 제19조 제2호는 '교원의 교육활동을 부당하게 간섭하거나 제한하는 행위로서 다음 각 목의 어느 하나에 해당하는 행위'를 교육활동 침해 행위로 두고 있는데, 먼저 가목에서는 목적이 정당하지 아니한 민원을 반복적으로 제기하는 행위를, 나목에서는 교원의 법적 의무가 아닌 일을 지속적으로 강요하는 행위를, 다목에서는 그 밖에 교육부장관이 정하여 고시하는 행위를 두고 있습니다. 교육부의 고시를 다시 한 번 살펴보겠습니다.

제2조(교원의 교육활동 침해 행위)

교원의 교육활동(원격수업을 포함한다)을 부당하게 간섭하거나 제한하는 행위는 다음 각 호와 같다.

  1. 형법 제8장(공무방해에 관한 죄) 또는 제34장 제314조(업무방해)에 해당하는 범죄 행위로 교원의 정당한 교육활동을 방해하는 행위

  2. 교육활동 중인 교원에게 성적 언동 등으로 성적 굴욕감 또는 혐오감을 느끼게 하는 행위

  3. 교원의 정당한 교육활동에 대해 반복적으로 부당하게 간섭하는 행위

  4. 교원의 정당한 생활지도에 불응하여 의도적으로 교육활동을 방해하는 행위

  5. 교육활동 중인 교원의 영상·화상·음성 등을 촬영·녹화·녹음·합성

하여 무단으로 배포하는 행위

6. 그 밖에 학교장이 「교육공무원법」 제43조 제1항에 위반한다고 판
단하는 행위

이 고시에 의해 국공립학교 교원의 경우 공무방해죄, 사립학
교 교원의 경우 업무방해죄가 교육활동 침해 행위로 추가되었
으며, 성희롱이나 교육활동에 대한 부당한 간섭 행위, 지도 불
응, 교원의 영상이나 음성 합성 등까지 보호받을 수 있게 되었
습니다. 그 밖에 학교장이 「교육공무원법」 제43조 제1항에 위반
한다고 판단하는 행위(교권 침해 행위라고 판단될 경우)도 교육활동
침해 행위가 됩니다.

3) 교육활동을 침해한 학생에 대한 처분

2019년 10월 이전에는 교육활동을 침해한 학생에 대한 별도
의 처벌 기준이 없어 일반적인 학생 징계 절차에 따른 징계만을
내릴 수 있었습니다. 따라서 교사를 폭행한 학생이라 해도 강제
전학을 보내거나 퇴학 처분을 내릴 수 없었습니다.

현행 「교원지위법」 제25조에서는 교육활동 침해 학생에 대해
다음과 같이 조치하도록 규정하고 있습니다.

제25조(교육활동 침해 학생에 대한 조치 등)

① 고등학교 이하 각급 학교의 장은 소속 학생이 교육활동 침해 행위

를 한 사실을 알게 된 경우에는 지역교권보호위원회에 알려야 한다.

② 지역교권보호위원회는 제1항 및 제28조에 따라 교육활동 침해 행위 사실을 알게 된 경우에는 교육활동 침해 행위를 한 학생(이하 "침해 학생"이라 한다)에 대하여 다음 각 호의 어느 하나에 해당하는 조치를 할 것을 교육장에게 요청하여야 한다. 다만, 퇴학 처분은 의무교육과정에 있는 학생에 대하여는 적용하지 아니한다.

1. 학교에서의 봉사

2. 사회봉사

3. 학내외 전문가에 의한 특별교육 이수 또는 심리치료

4. 출석 정지

5. 학급 교체

6. 전학

7. 퇴학 처분

교육활동 침해 행위를 한 학생에 대한 구체적인 처분 기준은 침해 행위의 심각성, 지속성, 고의성, 반성의 정도, 관계 회복 정도를 척도로 하여 점수화하고 추가 판단 기준에 따라 가중·감경할 수 있도록 했습니다. 이를 정리하면 〈표 5〉와 같습니다.

이때 주의해야 할 점은 최초 발생한 교육활동 침해 행위에 대해서는 전학 또는 퇴학 조치를 결정할 수 없다는 것입니다. 예를 들어, 교사에게 아무리 심한 욕설을 했다 해도 그것이 처음 발생한 일이라면 전학 또는 퇴학 처분을 내릴 수 없습니다. 이

| 표 5 | **학생의 교육활동 침해 행위 심의 기준**

① 기본 판단 요소

구분	침해 행위 심각성	침해 행위 지속성	침해 행위 고의성
매우 높음	5	5	5
높음	4	4	4
보통	3	3	3
낮음	2	2	2
매우 낮음	1	1	1
없음	0	0	0

구분	침해 학생 반성 정도	학생과 교원 관계 회복 정도
높음	0	0
보통	1	1
낮음	2	2
없음	3	3

② 추가 판단 요소: 출석위원 과반수 찬성으로 적용 여부 의결

구분	추가 판단 기준	조치 내용
감경	교육활동 침해 학생이 장애가 있는 경우	1단계 감경
가중	피해교원이 임신하거나 장애가 있는 경우	1단계 가중
특별교육 또는 심리치료	학생 선도·교육에 필요하다고 인정되는 경우	단독 조치 또는 1호·2호·4호·5호·6호와 병과 가능

※ 1단계 감경(→) 또는 가중(←) 처분 : 7호 ⇄ 6호 ⇄ 5호 ⇄ 4호 ⇄ 2호 ⇄ 1호
※ 교내봉사에서 감경될 경우 '조치 없음' 결정

○ 교육활동 침해 학생에 대한 조치 결정 기준

구분		점수	조치 내용
조치 없음		0~4	-
교내선도	1호	5~7	학교에서의 봉사
외부기관 연계 선도	2호	8~10	사회봉사
	3호	-	교내외 전문가에 의한 특별교육 또는 심리치료
교육 환경 변화	교내 4호	11~13	출석 정지
	교내 5호	14~16	학급 교체
	교외 6호	17~21	전학
	교외 7호		퇴학

【 전학·퇴학 조치 결정 시 준수사항 】

1. 최초 발생한 교육활동 침해 행위에 대하여 전학 또는 퇴학 조치를 결정할 수 없음
2. 전학 또는 퇴학 조치는 동일교 재학 기간 중 교육활동 침해 행위로 출석 정지 또는 학급 교체 처분을 받았던 학생이 다시 교원의 교육활동을 침해한 경우에 한하여 결정할 수 있음
3. 위의 1항, 2항에도 불구하고 형법 제2편 제25장(상해와 폭행의 죄) 및 「성폭력범죄의 처벌 등에 관한 특례법」 제2조 제1항에 해당하는 행위는 최초 발생한 사안이라도 전학 또는 퇴학 조치 가능

전에 '출석 정지' 또는 '학급 교체' 처분을 받았던 학생이 다시 교사의 교육활동을 침해한 경우에 한해서 전학 또는 퇴학 조치를 할 수 있도록 한 것인데, 학교의 자의적인 판단을 막기 위한 규정입니다.

하지만 이와 같은 규정에도 불구하고, 교사에 대한 폭행, 상해 등의 행위와 성폭력 행위는 최초 발생한 사안이라 해도 전학 또는 퇴학 조치가 가능합니다. 다만, 의무교육과정에 있는 학생은 퇴학 처분을 할 수 없으므로, 초등학생이나 중학생이 폭행, 상해, 성폭력 행위를 했을 경우 강제전학 처분 이하의 처분만 할 수 있습니다.

4) 교육활동을 침해당한 교사에 대한 보호조치

교권보호위원회에서 교육활동을 침해당한 것으로 인정받은 교사는 심리상담 및 조언, 치료 및 치료를 위한 요양 등의 보호조치를 받을 수 있고, 이 비용은 교육활동 침해 행위를 한 학생의 보호자* 등이 부담해야 합니다. 보통 관할청이 먼저 비용을 부담하고 구상권을 행사하는 방식으로 운영되고 있습니다(「교원지위법」 제20조 제5항).

또한 관할청은 교육활동 침해 행위가 관계 법률의 형사처벌 규정에 해당한다고 판단하면 관할 수사 기관에 고발할 수 있습니다(「교원지위법」 제20조 제4항). 이 규정에 따라 교사가 학

* 친권자, 후견인 및 그 밖에 법률에 따라 학생을 부양할 의무가 있는 자를 말합니다.

생이나 학부모를 직접 고소하는 부담감을 덜 수 있게 되었습니다.

5) 교육활동 침해 행위의 시간

「교원지위법」 제19조는 '교육활동 중인 교원'에 대하여 행해진 행위라고 하여, 마치 '시간적 제한'을 둔 것처럼 읽힙니다. 이 사례에서 교감선생님이 학부모가 명예훼손의 글을 SNS에 올린 시간이 밤 10시라 교육활동 침해 행위가 아니라고 한 것이 이런 생각에서 비롯된 듯합니다.

그러나 판례와 교육부 매뉴얼에 따르면 SNS를 통한 교육활동 침해 행위의 경우에는 SNS의 특성상 행위 당시 피해자를 대면하지 않거나 피해자가 인식하지 못한 상태에서도 성립할 수 있고, 한 번 작성된 다음에는 그 피해가 계속되는 특수성을 가지고 있기 때문에 SNS 글이 작성된 시간을 불문하고 '교육활동 중'이라고 해석할 수 있습니다.

Q 임용시험 삼수 끝에 교사가 되어 발령을 기다리고 있는 신규 교사입니다. 발령일까지 시간 여유가 있어 교직과 관련한 공부를 하고 있습니다. 요즘 교사를 상대로 한 고소·고발이나 소송이 많다고 해서 걱정입니다. 졸업하고 몇 년이 지나서 소송을 하는 학생도 있다고 들었습니다. 평소 어떤 자료들을 갖춰두는 것이 좋을까요?

A 앞에서 몇 차례 민형사소송이나 행정쟁송에 대처할 때 '증거 수집'을 해두라는 말씀을 드렸습니다. 학생, 학부모를 일상적으로 대해야 하는 선생님들로서는 '증거 수집'이라는 말이 거슬리고 부담스러우실 것입니다. 그렇지만 일상적인 교육활동의 기록이 또한 가장 좋은 증거가 되기도 합니다. 나이스NEIS 누가기록과 교무수첩이 바로 그 예입니다.

1) 나이스 누가기록을 적극 활용하세요

학기 중에는 수업과 업무로 정신없기 때문에, 많은 선생님들이 학기 말에 부랴부랴 학교생활기록부를 작성하고 있습니다. 그러나 나이스NEIS의 경우 '분쟁이 발생했을 때 큰 힘'이 될 수 있는 공식 자료이므로 평소에도 꼼꼼하게 기록하는 것이 좋습니다.

물론 학교생활기록부에서 학생과 학부모에게 공개되는 '특기 사항'이나 '행동 특성 및 종합의견'의 경우 되도록 부정적인 표현을 쓰지 않도록 교육부는 권고하고 있습니다. 이 때문에 학생에 대한 선생님의 솔직한 평가를 그대로 적기는 어렵습니다.

그러나 누가기록의 경우 당사자에게 공개되는 기록이 아니기 때문에 평소 있었던 사건 위주로 팩트fact를 기록해두는 것이 좋습니다. 예를 들면 "3. 24. 2교시 홍길동 학생이 짝꿍과 말다툼을 시작하여 몸싸움까지 이어짐. 수업 후 반성문을 작성하고 학부모에게 알림"과 같이 사실을 기록해둔다면, 혹시 발생할 소송 절차에서 유용한 자료로 사용할 수 있습니다.

2) 교무수첩을 꼼꼼히 작성하세요

나이스 누가기록 작성과 일맥상통하는 것이 바로 교무수첩 작성입니다. 저도 교사 시절에는 3월마다 교무수첩을 잘 적어볼까 하고 들고 다녔지만, 금세 업무에 치여 4월부터는 공란으로 두는 경우가 많았습니다. 그러나 막상 분쟁이 발생한 경우 교무수첩이 큰 도움이 되는 경우가 많습니다.

예를 들어보겠습니다. 한 선생님이 아동학대로 고소를 당했는데, 학부모는 선생님이 2020년 10월 5일 2교시에 실로폰 채로 아이를 폭행했다고 주장합니다. 마침 선생님의 교무수첩에 당시 진행했던 구체적인 수업 내용이나 특별히 일어난 이벤트가 모두 적혀 있다면, 당시 사용했던 실로폰은 모두 음악실에 반납한 이후였기 때문에 교실에는 실로폰 채가 없었다는 사실을 주장할 수 있습니다. 그러면 학부모 주장이 사실에 부합하지 않음을 탄핵할 수 있겠습니다.

좋은 교무수첩 기록의 예는 〈예시 7〉과 같습니다.

3) 학부모와 래포 형성을 적극적으로 하세요

모든 일이 그렇듯이, 학부모와의 분쟁 또한 일어난 후에 처리를 잘하는 것보다 예방하는 것이 더 중요합니다.

자신이 담당하는 학생들과는 래포rapport 형성을 적극적으로 하면서도, '학부모는 내 학생이 아니니까'라는 생각으로 학부모와의 관계 형성에는 소홀한 선생님을 종종 만나게 됩니다. 그러나 미성년인 학생을 교육하는 업무를 하다 보면, 보호자는 자연스레 따라오는 관계입니다. 선생님이 학생으로부터 큰 신뢰를 얻었다 하더라도 학부모의 오해가 쌓이면 작은 일이 큰 사건으로 비화되기도 합니다.

저 또한 교사로 재직하던 때에는 학기 초에 학부모들의 신뢰를 얻기 위해 부단히 노력했습니다. 〈예시 8〉은 당시 제가 개학 첫날 학생들을 통해 각 가정으로 발송한 편지입니다.

이 책을 읽는 독자분들 중에는 이미 이보다 더욱 정성을 기울여 학부모들과 소통하는 선생님도 많으실 테고, 혹은 '아니, 교사가 이렇게까지 해야 하나?'라는 생각을 하는 선생님도 있을

2주차. 6월 8일 월요일

교단 일지				
아침 자습	팝송 'A Whole New World' 부르고 빈칸 채 우기	알림장	1. 온라인 학습방에 댓글 달기	
			2. 마스크 잘 쓰기	
			3. 학교 앞 횡단보도에서 뛰지 않기	
출결 사항	결석 김동훈(발열 증상 있어 선별진료소에 가 본다 함)		4. 준비물: 찰흙, 찰흙판	
			5.	
			6.	
1교시 (수학)	목표	두 양 사이의 관계를 알아봅시다	4교시 (사회)	목표	우리나라의 자연재해에 대해 알아봅 시다
	수학익힘책 34~35p 풀기			사회 교과서 48~51p	
	※ 수업 도중 이소연 화장실 다녀옴			※ 재난안전교육 함께 함	
	준비물	수학익힘책		준비물	사회 학습장
2교시 (체육)	목표	제자리 멀리뛰기 자세를 알아봅시다	5교시 (국어)	목표	글을 요약해요
	☑ 준비운동(팔 벌려 뛰기, 스트레칭)			인터넷 게시글 중 하나를 정해 '비교·대조' '열거'로 설명하기	
	※ 김동민, 복통 호소하여 보건실 보냄			※ 정보통신윤리교육 함께 함	
	(보건샘 확인 결과 장염 의심)				
	준비물	체육복		준비물	
3교시 (영어)	목표	음식의 맛을 나타내는 표현 읽고 쓰기	6교시 ( )	목표	※ 5교시 중간에 화재경보 울림.
	chant 복습, 교과서 47p 읽기				
	※ 수업 중 박수현, 오동민 말다툼함.				
	※ 쉬는 시간에 따로 연구실에서 지도함.				
	준비물	English Work Book		준비물	
학급에서 일어난 일				
1. 김동민 체육 시간에 복통 호소하여 보건실 → 장염 의심 → 어머니에게 연락 후 귀가 조치함.				
2. 3교시 영어 시간에 박수현, 오동민 말다툼함. → 따로 지도하고 서로 사과함.				
3. 최현아 모 다음 주 중 상담 원한다고 연락 옴(다음 주 수요일 약속)				
4.				
5.				
기타사항: 하승진 학생 표정이 어두움. 무슨 일이 있는 것은 아닌지 지켜보고, 다음 주 중 개별 상담 해야겠음.				

어머님 아버님 안녕하세요?

저는 이번에 수진이°와 1년의 생활을 함께하게 된 담임교사 임이랑입니다.

1. 저는 이런 사람입니다
저는 공주교육대학교에서 영어교육을 전공하였고, ○○초등학교에서 5학년
을 담당한 경험이 있습니다. 평소 영어 회화 분야에 관심을 가지고 있기 때문
에 앞으로 1년 동안 자투리 시간에 학생들과 함께 영어회화 및 팝송을 함께 익
혀보려 합니다.°°

2. 이렇게 지도하겠습니다
마냥 어리게만 보이는 수진이를 학교로 보내시면서 많은 걱정이 있으실 거라고
생각합니다. 요즘 '학교폭력이 심각하다'고도 하고, '학교 선생님들이 우리 아
이를 차별하면 어떻게 하나' 고민도 되실 것입니다.
그러나 올 한 해만큼은 저를 절대적으로 믿어주세요. 교육자로서 저의 양심
에 따라 공정하고 자애롭게 아이들을 대하겠습니다. 우리 아이들이 행복한 교
실을 만들기 위해 저의 노력과 학부모님들의 신뢰가 더해져야 한다고 생각합
니다.

3. 끝으로 드리고 싶은 말씀
만약 제게 궁금한 점이 생기시거나, 불만이 생기시면 저에게 "먼저" 말씀해주
세요. 귀담아 듣겠습니다. 아이에게 가장 좋은 해결 방법이 무엇인지 함께 머리
를 맞대고 고민하겠습니다.
(제 이메일은 : edu-law@naver.com입니다)

*올 한 해 동안 음식물을 포함한 그 어떠한 선물도 받지 않음을 미리 알립
니다. 이미 수진이 부모님께서는 제게 수진이라는 가장 큰 선물을 주셨습니다.
제가 낳은 아이처럼 진심으로 사랑하고 예뻐하겠습니다. 감사합니다.

것입니다. 학부모와의 래포 형성이 중요하다는 말은 학부모에게 끌려다니라는 의미가 절대 아닙니다. 신뢰관계를 형성해줄 것을 분명하게 요청하고 원칙대로 학생들을 대한다면, 이후 발생하는 여러 가지 오해 속에서도 교사가 당당할 수 있습니다.

위와 같은 형식의 소통 외에도 요즘은 e학습 알리미 등 다양한 소통 창구가 있으므로 평소 '학생들을 얼마나 사랑하고 있고', '관심을 가지고 있는지' 적극적으로 어필하세요.

정성을 들인 가정통신 같은 자료는 학부모와의 신뢰관계 형성에도 큰 역할을 하지만, 혹시 발생할 수 있는 송사에서도 선생님이 좋은 교사라는 증거로 남을 것입니다.

● 성의를 보이기 위해 개별 이름을 넣었습니다.

●● 담임의 특기를 쓰면 학부모님들의 반응이 좋습니다. 기왕이면 교과와 관련된 것이 좋을 듯합니다.

Q 요즘은 교사의 일거수일투족이 아동학대라고 주장하는 학부모들이 늘고 있는 것 같습니다. 교사로서 어떻게 학생들을 지도해야 아동학대가 되지 않을 수 있을까요?

A 최근 몇 년간 '왕의 DNA' 사건의 학부모 같은 분들이 "우리 아이가 친구와 싸워도 꾸중하지 말라"는 등의 요구를 하기 시작했고, 교사가 정당한 생활지도를 했음에도 아동학대로 고소하는 일들이 많아졌습니다. 이에 교육부는 2023년 9월 '교원의 학생생활지도에 관한 고시'를 제정하여 교원이 어떠한 범위까지 생활지도를 할 수 있는지, 그리고 어떠한 방식으로 지도할 수 있는지를 정했습니다.

1) 생활지도권의 범위
먼저 학업 및 진로에 관해 생활지도를 할 수 있는데요, 구체적으로는

1. 교원의 수업권이나 학생의 학습권에 영향을 주는 행위
2. 학교의 면학 분위기에 영향을 줄 수 있는 물품의 소지, 사용
3. 진로 및 진학과 관련된 사항

이 있습니다. 즉, 어떤 학생이 수업 중 엎드려 자면 면학 분위

기를 해치는 것으로 보고 지도할 수 있는 것입니다.

다음으로 보건 및 안전에 대한 생활지도를 할 수 있습니다. 구체적으로는

1. 자신 또는 타인의 건강에 영향을 주는 사항

2. 건전한 성장과 발달에 영향을 미치는 사항

3. 자신 또는 타인의 안전을 위협하거나 위해를 줄 우려가 있는 행위

가 있습니다. 예를 들어, 어떤 학생이 다른 학생을 때릴 경우 교사가 이를 지도할 수 있는 것이지요.

다음으로는 인성 및 대인관계 분야입니다.

1. 전인적 성장을 위한 품성 및 예절

2. 언어 사용 등 의사소통 행위

3. 학교폭력 예방 및 대응, 학생 간의 갈등 조정 및 관계 개선

이 이에 해당합니다. 이제 '왕의 DNA' 사건처럼 다른 학생과 싸워도 꾸중하지 말라는 요구를 더 이상 할 수 없습니다.

끝으로, 기타 분야도 생활지도가 가능합니다.

1. 특수교육 대상자와 다문화 학생에 대한 인식 및 태도

2. 건전한 학교생활문화 조성을 위한 용모 및 복장

3. 비행 및 범죄 예방

4. 그 밖에 학칙으로 정하는 사항

정리하자면, 학생이 학교생활을 하며 발생할 수 있는 거의 대부분의 사항에 대해 교사가 생활지도를 할 수 있는 것입니다.

2) 생활지도의 방식

그렇다면, 생활지도는 어떤 방식으로 해야 할까요? 그 방식은 이미 선생님들께서 교육학적 견지에서 잘 해오고 계시던 방법들을 조금 구체화한 것이라고 이해하시면 좋겠습니다.

먼저, '조언'입니다.

조언은 말과 글로 정보를 제공하거나 권고하는 지도 행위입니다. 조언을 할 수 있는 특정 요건이 있는 건 아니고요. 수시로 하실 수 있는 생활지도 방식입니다.

그다음은 '상담'입니다.

상담은 학생의 문제를 해결해가는 일체의 소통 활동을 말합니다. 상담은 수업 시간 외의 시간을 활용하는 것을 원칙으로 해야 하고, 상담 내용을 제3자에게 누설해서는 안 됩니다. 교사와 보호자는 상호 상담을 요청할 수 있고, 명백한 사유가 없으면 요청에 응해야 합니다. 그렇지만 무조건 응해야 하는 것은 아니고, 사전에 합의가 없었다거나 교사의 직무 범위를 넘어서는 내용이라든가 근무 시간 외의 상담일 경우 거부할 수 있습니다.

그다음으로 '주의'가 있습니다.

주의는 만약 학생의 행동으로 인해 어떤 위험이나 위해가 예측되거나, 또는 법령이나 학칙을 위반하게 될 가능성이 있는 경우에 교사가 이를 지적하여 경고하는 것을 뜻합니다. 제가 맡았던 사건 중에 교사가, 자꾸만 친구를 때리는 학생에게 "지금 너의 행위가 학교폭력에 해당할 수 있다. 학폭위에 회부될 수 있다"라고 말한 것이 아동학대로 신고됐던 황당한 사례가 있었습니다. 그러나 이제는 '교원의 학생생활지도에 관한 고시'에 따라 명확히 법령이나 학칙의 위반 가능성을 경고할 수 있게 되었습니다.

다음으로는 '훈육'입니다.

훈육은 학생이 바람직한 행동을 할 수 있도록 중재하는 적극적인 지도 행위로서, 지시, 제지, 분리, 소지물품 조사, 물품 분리보관 등의 방식으로 이루어집니다. 다만 이 훈육은 곧바로 할 수 있는 것이 아니라, 조언 또는 주의를 주었음에도 불구하고 개선이 안 될 경우에 할 수 있습니다.

- 지시는 교육적 목적 달성을 위해 학생에게 지시를 하는 것을 뜻합니다. 예를 들어 '잡담을 중단하도록' 한다거나, '수업 시간을 준수하도록' 하는 것을 뜻합니다.
- 제지는 학생이 법령과 학칙에 위반되는 문제행동을 하거나 자신 또는 타인의 안전을 위협하는 등의 상황에서 구두로

제지하거나 물리적으로 제지하는 것을 뜻합니다. 고시에 따르면 '교원은 자신 또는 타인의 생명, 신체에 위해를 끼치거나 재산에 중대한 손해를 끼칠 우려가 있는 긴급한 경우 학생을 물리적으로 제지'할 수 있습니다. 다만 물리적 제지를 한 후에는 즉시 학교장에게 보고해서, 학교장이 보호자에게 신속히 알리는 절차를 거쳐야 합니다.

- 분리는 학생이 교육활동을 방해해서 다른 학생들의 학습권 보호가 필요한 경우에 실시하는 지도 방식입니다. 교사는 수업 중 학생이 교실 내의 다른 좌석으로 이동하도록 할 수도 있고, 아니면 교실 내 지정된 위치로 가도록 할 수도 있습니다. 더 심한 경우에는 교실 밖의 지정된 장소로도 분리가 가능합니다. 특히 고무적인 부분은 보호자 인계까지 가능해졌다는 것입니다. 학교장은 학생이 분리를 거부하거나, 1일 2분리를 실시했음에도 계속 방해 행위를 하면, 보호자에게 인계해서 가정학습을 하도록 할 수 있습니다. 구체적인 분리 방식은 각 학교의 학칙에 따라 실시하면 됩니다.

- 소지물품 조사는 학생이 자신 또는 타인의 생명, 신체에 위해를 끼치거나 재산에 중대한 손해를 끼칠 우려가 있는 물품을 소지하고 있다고 의심할 만한 합리적인 이유가 있는 경우에 할 수 있습니다. 예를 들어 칼을 가지고 있다거나 하는 경우겠지요.

- 또한 2회 이상 주의를 주었는데도 계속 사용한다거나, 또

는 학생에게 판매될 수 없는 물품(담배 같은 것)들을 분리보관할 수 있습니다. 다만 이 경우 지도의 일시나 경위를 학교장에게 보고해야 하고, 학교장이 보호자에게 통지해야 합니다.

그다음은 '훈계'입니다.

훈계는 학생의 문제행동을 지적하여 잘잘못을 깨닫게 하는 지도 행위입니다. 훈계 또한 곧바로 할 수 있는 것이 아니라, 조언, 상담, 주의, 훈육 등을 했음에도 불구하고 자신의 잘못을 인정하지 않거나 개선이 없는 경우에 할 수 있습니다. 교사가 말과 글로 훈계를 할 수도 있고, 아니면 특정 과제를 부여하여 학생이 자신의 잘못을 깨닫도록 하는 방법이 있습니다. 이때 과제는 '문제행동을 시정하기 위한 대안 행동 부여', '성찰하는 글쓰기', '훼손된 시설·물품에 대한 원상복구(청소를 포함한다)'가 있습니다.

끝으로, '보상'의 방법이 있습니다.

보상은 학생의 바람직한 행동을 장려할 목적으로 유형, 무형의 방법으로 동기를 부여하는 지도 행위입니다. 제가 변호했던 사건 중에 '초등학생에게 칭찬스티커를 준 행위가 아동학대'라고 신고된 사례가 있었는데, 이제 교육부의 고시에 따라 '보상'이 정당한 생활지도로 인정받을 수 있게 되었습니다.

1. '학교 관련 분쟁'을 다루는 변호사는 생각보다 많지 않습니다

변호사들은 손해배상, 임대차와 같은 일반 민사 분야, 범죄 혐의를 다투는 형사 분야, 이혼이나 상속 등을 다루는 가사 분야 업무를 가장 많이 합니다. 학교 분쟁이 소송화된 것이 비교적 최근의 일이고, 큰돈을 벌 수 있는 분야는 아니기 때문에 상대적으로 관심도가 낮은 것으로 보입니다.

따라서 법률 상담을 받고자 할 때, 무작정 법원 앞에 있는 변호사 사무실을 찾아가기보다는 인터넷 검색 등을 통해서 유사한 사례를 다룬 경험이 있는 변호사를 찾아가는 것이 시간 낭비를 하지 않는 방법입니다.

2. 변호사와 직접 상담하셔야 합니다

변호사 사무실을 찾아가면 종종 '사무장' '실장' 등의 명칭을 쓰는 직원들이 의뢰인과 상담을 하는 경우가 있습니다. 이분들이 법률 전문가가 아님은 별론으로 하더라도, 법원에 제출할 서면까지 직원들이 쓰는 변호사 사무실도 있다는 게 문제입니다. 선생님께서 직접 변호사를 대면 상담하시고 신뢰할 수 있는 변호사를 선택하시는 것이 좋습니다.

3. '근거'를 물어보시기 바랍니다

일단 사건을 수임하기 위해 "이 사건은 승소 가능성이 높다", "이건 무조건 이긴다"고 말하는 변호사들도 있습니다. 어떤 법률이나 법리가 적용되는지, 유사한 판례가 있는지 등을 적극적으로 문의하시고, 선생님 스스로 납득이 될 때 사건을 의뢰하시기 바랍니다. 변호사가 의뢰인인 선생님을 설득할 수 없다면, 판사도 설득할 수 없을 것입니다.

4. 현명한 소비자가 되시기 바랍니다

변호사 보수는 꽤 큰 금액이고, 정해진 기준표가 없어 사무실마다 천차만별의 보수를 받습니다. 큰 금액을 지출하는 만큼 계약서를 꼼꼼하게 검토하고, 요청사항을 적극적으로 말씀하셔야 합니다.

1. 국가법령정보센터 : http://www.law.go.kr
   현존하는 모든 법령, 자치법규, 행정규칙을 확인할 수 있습니다.

2. 한국교육신문 : http://www.hangyo.com
   교원 관련 법률 상식을 검색할 수 있습니다.

3. 서울시교육청 법무행정서비스 : law.sen.gr.kr
   교육활동 관련 법률 및 사건, 판례 등을 검색할 수 있습니다.

4. 교육희망 : http://news.eduhope.net
   교원 관련 법률 상식을 검색할 수 있습니다.

5. 대한법률구조공단 : http://www.klac.or.kr
   각종 법률 서식 및 상담 사례 등을 확인할 수 있습니다.

6. 함께학교 : www.togetherschool.go.kr
   교육부에서 운영하는 플랫폼으로, 무료로 법률 상담을 받을 수 있습니다.

| 개정판 |

교사를 위한 법률 가이드

교사 출신 변호사가 알려주는 '당당하게 교육하기'

초판 1쇄 발행 | 2021년 4월 20일
3쇄 발행 | 2023년 6월 30일
개정판 1쇄 발행 | 2024년 8월 15일

지은이 | 임이랑

펴낸곳 | 도서출판 따비
펴낸이 | 박성경
편　집 | 신수진·정우진
디자인 | 이수정

출판등록 | 2009년 5월 4일 제2010-000256호
주소 | 서울시 마포구 월드컵로28길 6(성산동, 3층)
전화 | 02-326-3897
팩스 | 02-6919-1277
메일 | tabibooks@hotmail.com
인쇄·제본 | 영신사

ⓒ 임이랑, 2024

ISBN 979-11-92169-39-2 03370
책값은 뒤표지에 있습니다.